장 티롤 Jean Marcel Tirole

2014년 노벨 경제학상을 ~~~~~~~~~~~~~~~ 다. 게임이론과 산업조직론의 대가로 알려져 있다. 파리 9대학교에서 수학 박사 학위를, 미국 매사추세츠 공과대학교(MIT)에서 경제학 박사 학위를 받았다. 현재 툴루즈 경제대학교(TSE) 교수이자 MIT 초빙 교수로 활동하고 있다.

마르쿠스 가브리엘 Markus Gabriel

독일의 '천재 철학자'로, 24세에 하이델베르크 대학교에서 철학 박사 학위를 받고 28세에 본 대학교 철학과 교수로 부임했다. 고대 그리스어, 라틴어부터 현대 영어까지 10개 언어에 능통하며, 신실재론이라는 독창적인 철학을 이끌고 있다. 『왜 세계는 존재하지 않는가』, 『나는 뇌가 아니다』 등을 썼다.

마루야마 슌이치 丸山俊一

NHK 엔터프라이즈 프로그램 개발 총괄 프로듀서로, 게이오 대학교 경제학부를 졸업한 뒤 NHK에 입사해 이색적인 교양 프로그램을 기획, 제작해왔다. 특히 〈욕망의 자본주의〉는 2016년 특집 방송 이후 2017년부터 매년 정기 시리즈로 방영되고 있으며 그중 2019년 시리즈가 이 책의 모태가 되었다. 국내에 번역된 저서로는 『자본주의 미래 보고서』, 『돈과 나』가 있다.

디자인 공중정원: 박진범

초예측
부의 미래

YOKUBO NO SHIHONSHUGI 3

by Shunichi Maruyama & NHK "YOKUBO NO SHIHONSHUGI" Seisakuhan

Copyright © 2019 NHK Enterprises, Inc.

All rights reserved.
Original Japanese edition published by TOYO KEIZAI INC.

Korean translation copyright © 2020 by Woongjin Think Big Co., Ltd.
This Korean edition published by arrangement with TOYO KEIZAI INC., Tokyo,
through The English Agency (Japan) Ltd., Tokyo and Danny Hong Agency, Seoul.

초예측
부의 미래

세계 석학 5인이 들려주는 기술, 자본, 문명의 대전환

마루야마 슌이치, NHK 다큐멘터리 제작팀
유발 하라리, 스콧 갤러웨이 외
신희원 옮김

웅진 지식하우스

❖ ❖ ❖

프롤로그

이 책은 2019년 초봄에 방송된 NHK 다큐멘터리 〈욕망의 자본주의 2019: 거짓된 개인주의를 넘어서〉의 내용을 엮은 것이다. 오늘날 우리는 국가와 시장을 초월하는 거대 플랫폼 기업을 향한 우려, 그리고 암호화폐Cryptocurrency(가상통화)와 블록체인 기술Blockchain Technology1을 둘러싼 기대와 불안이 들끓는 시대에 살고 있다. 그렇다면 지금 자본주의가 향하는 곳은 어디며, 그 변화의 한가운데 선 현대 문명은 무엇을, 어떻게 해야 하는가?

---

1 분산형 장부 기술로 비트코인 같은 암호화폐 거래에서 신뢰성을 담보하기 위해 개발된 기술

화면 속 반복되는 내레이션은 언제나 문제를 원점으로 되돌려 놓는다. 자본주의 경제와 사회는 그동안 많은 문제점을 노출해왔다. 서점에 진열된, 자본주의를 고찰한 수많은 책들은 폭주, 광분 등 다양한 키워드로 사람들의 위기의식을 부채질한다. 그중에서도 우리가 '욕망'에 주목하는 이유는 무엇인가?

욕망이야말로 자본주의를 구동하는 힘의 모든 발단이자 원초이기 때문이다. 하지만 욕망은 그 실체를 파악할 수 없다. 욕망은 항상 '지금이 아닌 무언가'를 지향하는 행위다. 따라서 욕망은 일종의 환상이자 허구로, 끝없이 증폭한다. 그렇다면 없는 것을 졸라대는 아이처럼 자본주의 또한 나도 나를 알 수 없는 상태에서 그만둘 수도 없고 멈출 수도 없는 상황으로 나아가고 있는 것은 아닐까?

물론 욕망이 인간 사회의 건전한 성장과 향상을 이끌어온 힘이라는 사실은 말할 나위가 없다. 동시에 욕망은 제어하기가 매우 어렵다는 점도 인류 역사와 현재 상황이 보여준다. 그래서 '욕망의 총체인 자본주의는 어디로 향하는가?'라는 질문이 매우 중요하다.

자본주의는 격차와 분단을 계속 확대한다. 시대의 큰 변화 속에서 우리가 살아갈 사회의 방향을 다시 생각하기 위해 〈욕망의 자본주의 2019〉는 자본주의의 모순과 갈등, 딜레마와 패러독스를 정면으로 마주하려고 시도했다.

문명이 발전할 수 있었던 것은 인간이 시장의 힘에 따랐기 때문이다.
— 프리드리히 하이에크, 『노예의 길』

전통적으로 시장은 자본주의의 원동력이자 주된 전쟁터로 간주되었다. 하지만 시장의 의미는 참가자들의 의식과 행동, 그 배경에 있는 사회적·문화적 상황, 역사적 맥락에 따라 크게 달라진다. 경제학 교과서에는 '화폐와 재화가 교환되는 장소'라고 단순하게 정의되지만, 현실에서 시장은 시공간에 따라 크게 변천해왔고, 현재도 계속해서 다양한 의미를 만들어낸다. 오늘도 저마다의 욕망이 시장에 투영되고, 시장은 신기한 프리즘처럼 그 욕망을 난반사하며, 사람마다 존재 의의를 달리 나타낸다.

그렇다면 지금이야말로 자본주의의 전제였던 시장, 자유, 개인이라는 개념을 근본적으로 되물을 필요가 있지 않을까? 시장은 과학기술의 혜택을 누리면서도 동시에 그 지배를 받는다. 과학기술의 힘은 동전의 양면같이 번영과 파괴를 모두 가져오지만, 여기에 현대의 자본주의가 얽히면서 상황은 더 복잡해진다. 과학기술과 시장의 아이러니한 관계 속에서 둘의 바람직한 결합은 무엇일까?

이 책은 다음 다섯 명의 말을 전한다. 세계적인 베스트셀러『사피엔스』(김영사)의 저자 유발 하라리는 문명사적 관점에서 현대의 종교가 된 자본주의가 과학기술과 만났을 때 펼쳐질 미래를 내다본다.『플랫폼 제국의 미래』(비즈니스북스)의 저자이자 뉴욕 대학교 스턴 경영대학원 마케팅 교수인 스콧 갤러웨이는 현 세계 경제를 지배하고 있는 거대 IT 기업들의 폐해를 독자적인 시점으로 신랄하게 비판한다. 암호화폐 개발자이자 천재 수학자로 알려져 있는 찰스 호스킨슨은 암호화폐가 누구나 참여할 수 있는 공정한 경쟁 시장을 열어젖힐 것이라고 말하면서 그 과학기술에 내재한 가능성을 긍정적으로 평가한다. 한편 오늘날 가장 영향력 있는 경제학자 중 한 명으로 노벨 경제학상을 수상한 장 티롤은 과학기술이 가져올 시장 실패에 정부의 개입과 규제가 필요하다고 주장하면서 정밀한 분석으로 경제학의 가능성을 넓힌다. 28세에 독일 본 대학교 철학과 교수가 된 젊은 철학자 마르쿠스 가브리엘은 탈진실의 시대에 모든 것의 붕괴를 막기 위한 대범한 지적 시도를 선보인다.

티롤 교수와의 대화는 오사카 대학교 야스다 요스케 安田洋祐 경제학 교수가, 그 밖의 인터뷰는 NHK 다큐멘터리 제작팀이 맡았다. 세계적 지성들의 말 행간에서 배어 나오는 내용에 상상력을 가미해 이 책을 읽는다면, 새로운 경제, 새로운 사회, 새로운 세계로 어떻게 나아가야 하는지 그 큰 그림이 머릿속에 그려질 것이다. 그럼 자본주의를 둘러싼 앎의 모험으로 지금 함께 떠나보자.

NHK 엔터프라이즈 제작본부
프로그램 개발 총괄 프로듀서
마루야마 슌이치

1장

◇◇◇◇◇◇◇◇◇

현대 자본주의 앞에는
어떤 미래가 기다리는가

유발 하라리
Yuval Noah Harari

자본주의 문명의 미래를 읽어내는 역사가
예루살렘 히브리 대학교 역사학부 교수
『사피엔스』에서 방대한 인류사를 통찰했다

지구 전체가 하나의 마을인 '지구촌' 시대에 자본주의는 정보
기술, 인공지능 등의 경이로운 발달과 맞물리면서 어디로 향할
것인가? 인류사를 거시적으로 고찰하고 이야기해온 세계적인 역
사학자 유발 하라리는 근대 과학과 자본주의의 공통항이 '미지의
영역을 탐험하여 그 영역을 정복하면 지치지 않고 다음 미지의
영역을 목표로 삼는 것'에 있다고 말한다. 그 최종 단계에 와 있는
지금, 인류의 욕망이 버리지 못한 꿈을 이 중동의 이색적인 역사
가는 어떻게 전망하는지 들어봤다.

❖ ❖ ❖

자유 시장이라는 신화,
자본주의라는 종교

◇◇◇◇◇◇◇◇

오늘날 사람들 사이에서 자연주의와 과학주의가 널리 퍼지고
있습니다. 특히 자연주의 naturalism 는 진정한 지식이란 자연과학 지
식에 한정된다는 견해인데요. 자연주의는 자본주의가 '자연의 법
칙'에 의해 알아서 발전하는 합리적인 시스템이라고 말합니다. 이
에 대해 교수님은 어떻게 생각하십니까?

극단적인 자본주의자들에 따르면, 자본주의란 경제나 사회가

잘 기능하도록 이 세계에 내재한 자연적인 시스템입니다. 하지만 그것은 틀린 생각이에요. 자본주의는 지난 수백 년 사이에 인간이 창조해낸 하나의 제도, 즉 '상상의 질서'에 지나지 않습니다.

완전히 자유로운 시장이란 자연스럽지도, 영속적이지도 않습니다. 하지만 열렬한 시장주의자들은 시장의 힘이 자유로이 제 갈 길을 가게 내버려두라고 말합니다. '정부에 의한 규제는 불필요하다' '자유 시장 속 개개인의 경쟁이 수요와 공급의 법칙에 따라 최선의 결과를 낳는다'는 주장을 계속 펼치죠.

저는 모든 것이 자유롭다면, 모든 것은 붕괴해버린다고 생각합니다. 예를 들어 판사 자리나 경찰관 자리를 매매하게 한다면, 오히려 신용이 축소되어 교환이나 계약이 이뤄지지 못해 결국 시장은 붕괴하고 말겠죠. 다시 말해 시장은 혼자서 스스로를 지탱할 수 없습니다. 사기, 폭력, 도둑질로부터 재산권을 보호해주는 법이 있고 이를 집행하는 사법 기관이 존재해야 공정한 거래가 이뤄지고 사업이 번창할 수 있어요.

그러므로 모든 정치적 판단과 법적 고려로부터 완전히 자유로운 시장 같은 건 있을 수 없습니다. 그것은 '신화'입니다. 오히려 시장은, 법과 정치의 일부로서 존재할 수 있습니다.

자본주의가 자연의 법칙이 아니라면 그 정체는 무엇인가요?

유발 하라리

우리는 세상의 신념을 종교와 이데올로기로 나눌 수 있습니다. 만약 '종교에는 신이 불가결한 요소다. 신이 존재함으로써 종교는 정의된다'는 관점에 따른다면 자본주의는 이데올로기에 속할 테죠.

하지만 저는 종교를 정의할 때, 신의 존재는 그다지 중요하지 않다고 생각합니다. 제게 종교란 어떤 이야기에 대한 믿음을 바탕으로 하는 규범과 가치 체계입니다. 그 이야기의 중심에는 신 대신 사회 조직이나 정치 질서가 있을 수도 있습니다.

따라서 사람들이 자본주의의 규범과 가치를 숭배한다면 충분히 종교라고 부를 수 있습니다. 그리고 때에 따라서 자본주의는 확실히 종교가 됩니다. 자본주의는 경제 활동을 하는 사람들에게 현실적인 지침을 제공할 뿐만 아니라 그 제도 자체가 목표로서 추구할 가치를 갖기 때문입니다. 그리고 이제는 어떻게 생각해야 하는지에 대해서도 가르침을 줍니다.

특히 경제 성장은 자본주의 교리의 핵심입니다. 공산주의든 사회주의든 민주주의든 혹은 유대교 국가든 힌두교 국가든 기독교 국가든 간에, 오늘날 전 세계 나라 대부분이 이데올로기와 종교를 막론하고 경제 성장을 가장 중요하게 생각합니다. 대놓고 말하지 않을 뿐이죠. 중국의 시진핑習近平 주석, 이란의 호메이니Khomeini 최고지도자, 이스라엘의 네타냐후Netanyahu 총리, 미국의 도널드 트럼프Donald Trump 대통령, 그 누구의 이야기를 들어도 모두가 경제 성장을 신앙한다는 걸 알 수 있어요.

자본주의는 더 많이 갖는 것이 정의와 자유, 행복을 증진시키고 골치 아픈 딜레마를 해결해줄 거라고 말합니다. 즉 경제 성장이야말로 거의 모든 문제에 적용 가능한 만능열쇠이자 만병통치약인 셈이죠. 따라서 성장 신조를 방해하는 것은 무엇이든 무시되거나 해체되거나 파괴됩니다. 이런 의미에서 자본주의는 종교라고 할 수 있습니다.

욕망은
자본주의의 엔진

◇◇◇◇◇◇◇◇◇

정체된 경제를 전제로 하는 전근대에는 사회 평화를 위해서라도 개개인의 욕망이 제어되어야 했습니다. 하지만 '더 많이 생산하고 더 많이 소비해서 파이를 키울 수 있다'는 자본주의의 믿음은 욕망에게 다른 역할을 부여하는 것처럼 보입니다.

산업혁명은 새로운 에너지원과 값싼 원자재를 이용해 생산성을 폭발적으로 향상시켰습니다. 하지만 만드는 것만으로는 부족

유발 하라리

합니다. 누군가는 사야죠. 필요 이상으로 물건을 생산하는 경제 시스템에서 기업들이 망하지 않으려면 필요 없는 물건을 '원하는' 사람이 필요합니다. 따라서 자본주의는 필히 인간의 욕망을 증폭하도록 디자인되어 있습니다.

자본주의는 사람들의 욕망을 전제로 합니다. 쉽게 말해, 욕망은 자본주의의 '엔진'입니다. 자유 시장에서 고객이 항상 옳다고 하는 건, 고객의 합리성이 아니라 고객의 필요와 욕구가 옳다는 뜻입니다. 시장은 고객이 원하는 것이면 무엇이든 생산합니다.

자본주의 제도 자체는 합리적이고 효율적인 시스템이지만, 우리의 욕망은 세상에서 가장 비효율적이고 사치스럽습니다. 예를 들어 이미 멀쩡하게 굴러가는 자동차가 있더라도, 우리는 더 크고, 더 예쁘고, 더 첨단인 자동차에게 마음을 뺏깁니다. 이처럼 인간의 욕망은 끝이 없기에 시장은 이미 나온 제품을 계속 업데이트하면서 새로운 유행을 만들어냅니다.

광고는 상품과 서비스를 소비하는 것이 곧 행복이라고 말하며 사람들을 부추깁니다. 광고업계가 하는 일이란, 그 99퍼센트가 결국은 없었던 욕망을 새롭게 만들어내거나 이미 존재하는 욕망을 더욱 크게 만드는 것입니다. 일상에서 많이 경험하지 않나요? 조금 전까지만 해도 존재하는 줄 몰랐던 상품들이 광고를 보고 나면 갑자기 매력적으로 보이고 왠지 필요한 것 같죠. 막 갖고 싶어져요. 갖지 못하면 비참한 마음마저 듭니다. 광고의 설득은 아주 효과적이어서 우리를 열성적인 소비자로 만듭니다.

우리는 스스로의 욕망을 뛰어넘을 수 없나요?

인류 역사상 많은 종교가 출현했고 각각은 나름의 정신적 전통을 가지고 있습니다. 그중에서 불교는 지금도 주요 종교로 남아 있는데요. 불교의 중심 과제가 바로 이 욕망에서 벗어나는 일입니다. 순간적인 쾌락을 끝없이 추구하는 것은 우리의 마음을 끝끝내 만족시키지 못하기 때문에, 욕망에 지배되지 않고 그것을 뛰어넘는 방법을 찾으려 한 것이죠.

문제는 이런 종교 철학의 가르침과 기도, 명상, 선행 등의 수행을 통해 스스로 욕망에서 해방되어 마음의 평안을 얻었다 할지라도, 당신은 그저 한 개인에 불과하다는 점입니다. 사회 전체의 욕망을 억제하려면 다른 수백만 명의 낯선 사람들이 뜻을 함께해야 합니다. 이게 과연 가능한 일일까요? 불교의 명상법이나 기독교의 설교는 개인 수준에서는 효과적이었을지언정 공동체 규모에서는 별다른 힘을 발휘하지 못했습니다. 오히려 역사를 돌이켜보면 인간의 욕망이 끊임없이 분출하고 팽창하는 것밖에 볼 수가 없어요.

유발 하라리

더 많이 생산하면 더 많이 소비할 수 있고, 그 결과 생활 수준이 높아져서 더 행복해진다는 주장에 대해서는 어떻게 생각하십니까?

이런 시스템이 실제로 사람들을 더 행복하게 만드는 건 아닙니다. 왜냐하면 삶의 만족도는 소유나 부의 양 같은 객관적인 기준에 비례하지 않기 때문이죠. 이것은 자본주의보다는 인간성에 관한 문제입니다. 행복은 주관적인 기대의 실현 여부에 영향을 받습니다. 그런데 성취했을 때의 짜릿함과 유쾌함은 순식간에 사라지기 때문에 우리는 항상 쾌감을 갈구합니다.

물론 한도 끝도 없는 욕망은 인류 역사의 원동력이었고, 덕분에 우리는 석기 시대의 선조들에 비해 수천 배나 더 큰 힘을 갖게 되었습니다. 하지만 우리는 힘을 행복으로 전환하는 데 그리 능하지 못했어요. 인류는 확실히 강해졌지만, 삶이 더 만족스럽고 행복하지 않는 이유가 바로 여기에 있습니다.

권한의 분산으로
승리한 자본주의

◇◇◇◇◇◇◇◇◇

불과 50년 전만 해도 자유 시장을 옹호하는 자본주의와 정부 주도의 계획 경제를 추구하는 공산주의(사회주의)가 서로 경쟁하는 구도였는데, 오늘날에는 중국을 포함해 전 세계 대부분의 국가에서 시장 경제 시스템을 도입해 운영하고 있습니다. 교수님은 이처럼 자본주의가 '승리'하게 된 이유를 뭐라고 보십니까?

적어도 20세기에는 자본주의가 최고의 제도로 판명되었습니다. 한곳에 집중된 권력이 모든 것을 결정하는 공산주의는 결국 자본주의보다 한참 뒤처지고 말았죠. 공산당 최고지도부가 경제를 주도했지만 민생은 파탄에 이르렀던 소련 또는 마오쩌둥 시대의 중국이 대표적인 사례입니다.

두 시스템의 차이는 자유의 문제에서 비롯합니다. 이것은 '누가 무엇을 결정할 권한을 가지는가?' 하는 문제인데요. 경제적 자유주의economic liberalism를 신봉하는 사람들은 정부든 기업이든 간에 특정 주체가 모든 것을 결정하고 사회를 지배해서는 안 된다고 주장합니다. 그들은 다양한 조직과 기구, 개인에게 결정권을 분산해야 한다고 말하죠.

유발 하라리

이쯤해서 유명한 에피소드 하나를 소개할까 합니다. 1980년대에 있었던 일입니다. 소련의 미하일 고르바초프Mikhail Gorbachev가 죽어가는 국내 경제를 되살리기 위해 자기 사람을 영국에 보내 자본주의를 공부해 오라고 시켰습니다. 그 당시 영국은 마거릿 대처Margaret Thatcher가 침체에 빠진 민간 부문에 활력을 불어넣고자 '대처리즘Thatcherism'으로 일컬어지는 다양한 자유주의 경제 정책을 펼치고 있을 때였죠.

파견 온 소련 관료는 영국인 안내자와 함께 런던 시내를 시찰했습니다. 그는 런던 증권거래소와 은행을 견학했고 기업가들이나 교수들을 만나 이야기를 나누기도 했지요. 그런데 갑자기 소련 관료가 영국인 안내자에게 궁금해 못 참겠다는 표정으로 다음과 같이 질문을 했습니다.

"잠깐만요. 잘 이해되지 않는 부분이 있습니다. 다른 게 아니라 반나절이나 런던을 돌아다녔는데도, 빵을 사려고 사람들이 줄 서서 기다리는 걸 보지 못했어요. 어떻게 그럴 수 있죠?"

이게 도대체 무슨 말인가 하고 의아해하는 영국인 안내자에게 소련 관료는 자신이 던진 질문의 의미를 설명했습니다. 모스크바에서는 최고 엘리트들이 사람들에게 충분한 빵을 공급하기 위해 매일같이 골머리를 싸매는데도 빵집과 슈퍼마켓에 긴 줄이 생기는데 1000만 명 이상의 주민이 사는 이곳 런던에서는 그런 일이 일어나지 않는다니, 신기하다는 겁니다.

소련 관료는 남은 일정은 모두 취소해도 좋으니 런던의 빵 공급 담당자를 만나게 해달라고, 자기는 그 비밀을 꼭 알아내야겠다고 졸랐습니다. 영국인 안내자는 당황스러웠습니다. 해줄 수 있는 말이라곤 "그런 일을 담당하는 사람은 없소"라는 대답뿐이었으니까요.

자본주의 국가에는 당연히 빵의 공급을 담당하는 공무원도, 밀을 경작할 사람과 빵을 구울 사람을 나누는 위원회도, 밀과 빵의 가격을 정하는 관청도 없습니다. 그런데도 시장에 충분한 빵이 공급되는 이유는 권한이 분산되어 있기 때문입니다.

생산의 영역을 보면, 자본주의에서 농사를 짓고 싶은 사람은 농사를 지으면 됩니다. 빵을 팔고 싶은 사람은 빵을 구워 팔면 됩니다. 소비의 영역을 보면, 공산주의에는 중앙에서 모든 것을 감시하고 통제하는 위대한 권력자가 있는 반면 자본주의에는 수많은 개별 고객들이 있습니다. 특히 경제적 자유주의는 '고객이 항상 왕'이라고 말합니다. 만약 손님이 흰 빵보다 검은 빵을 좋아한다면, 빵집 주인은 (검은 빵이 이상하다고 생각하더라도) 검은 빵을 만들어 팔 것입니다. 판매자는 빵을 1달러에 팔지, 20달러에 팔지 자유롭게 정할 수 있지만 고객이 사줄 때서야 그것은 비로소 시장 가격이 됩니다. 이처럼 자본주의 경제는 고객을 중심으로 굴러갑니다.

공산주의는 이용 가능한 재화와 서비스의 수급을 단일한 중앙 관리자가 결정합니다. 하지만 자본주의는 선택을 개개인의 자유에 맡깁니다. 사람들이 스스로 결정할 자유를 가진 것, 이것이 자본주의의 성공 비결입니다.

빅데이터는 자유로운 시장을 없앨 수 있다

◇◇◇◇◇◇◇◇

앞으로도 자유 시장은 효과적으로 작동할까요?

데이터의 관점에서 보면, 자본주의와 공산주의가 다른 운명을 맞이하게 된 것은 정보 처리 능력의 차이로 설명할 수 있습니다. 소련에서는 모든 정보가 비밀 정보기관에 모이고, 모스크바의 수뇌부가 모든 문제를 결정했습니다. 한편 영국이나 미국 같은 자본주의 국가에선 기업과 은행과 고객 사이에 정보가 자유롭게 흐르고, 각자가 자기 문제에 결정권을 가졌습니다.

20세기에는 자본주의의 '분산형 정보 처리 시스템'이 공산주의의 '중앙 집중형 정보 처리 시스템'보다 더 잘 작동했습니다. 그때는 한곳에 모인 대량의 정보를 빠르고 정확하게 처리할 수 있는 기술이 없었기 때문입니다. 공산주의 관료들은 그 많은 정보를 가지고 적절한 판단을 내리지 못했고, 결국 소련은 자멸하고 말았습니다.

하지만 21세기에는 상황이 달라졌습니다. 인공지능, 기계학습, 빅데이터, 알고리즘 같은 기술들이 중앙에서 어마어마한 양의 정보를 처리해 정확하고 올바른 결정을 내리는 일을 가능하게 해줍니다. 게다가 이 기술들은 분산식보다 집중식이 효율적입니다. 분석할 수 있는 정보가 많아질수록 학습 알고리즘이 개선되고 빅데이터의 패턴 인식이 향상되어, 인공지능이 더 많은 데이터를 더 빠르게 처리할 수 있거든요.

의학 및 유전학은 이런 정보 기술이 빛을 발하는 주요 분야 중 하나입니다. 어느 한 사람의 의료 기록과 유전 정보만으로는 특정 유전자와 특정 질병 간의 상관관계를 알아내기 어렵습니다. 하지만 10억 명의 의료 기록과 유전 정보를 한데 모을 수 있다면 통계 분석을 통해 중요한 단서를 손에 넣을 수 있을지도 모릅니다.

실제로 그런 일이 일어난다면 질병과 노화 관련 의학은 물론이고 개인 맞춤 치료도 크게 발전하겠네요. 하지만 프라이버시^{privacy} 문제 때문에 실현하기는 어렵지 않을까요?

유발 하라리

물론 자유주의 사회에서는 개인 정보 보호에 예민하니까 어려울 겁니다. 하지만 중국 같은 권위주의 국가에선 가능할지 모릅니다. 당 지도부에서 '중화인민공화국의 인민은 국립 유전자은행에 DNA 샘플을 제출해야 한다. 또 모든 치료 기록의 접근을 허용해야 한다'라는 지침을 내리기만 하면, 순식간에 샘플이 10억 개 이상이나 되는 세계 최대 규모의 의료·유전자 데이터베이스가 만들어집니다. 이를 토대로 하는 의료 알고리즘은 당연히 세계 최고 수준이겠죠.

만일 이런 일이 실제로 중국에서 생기면 전 세계 사람들이 중국으로 몰려들 것입니다. 자신의 DNA 샘플을 제공하면 앞으로 어떤 병에 걸릴지 알아낼 수 있을 테니까요. 그 결과, 중국이 보유한 의료·유전자 데이터베이스는 외국 손님들이 추가로 제공하는 정보까지 흡수해 더욱 거대해집니다. 그리고 마침내 개인 정보를 철저히 보호하는 국가보다 의학과 유전학 분야에서 훨씬 앞서나가게 됩니다.

실제로 페이스북의 성장 경로가 이와 비슷합니다. 페이스북의 우위는 모두가 페이스북을 사용하는 데 있습니다. SNS를 처음 시작할 때, 대부분이 가장 먼저 페이스북에 계정을 만듭니다. 찾고 싶은 사람이나 친해지고 싶은 사람이 페이스북에 있을 확률이 아주 높기 때문이죠. 그러니 페이스북은 계속 가입자가 점점 늘어

나는 선순환이 이뤄지는 반면, 소규모 SNS는 이용자가 계속 줄어
드는 악순환에 빠집니다.

중앙 집중형 시스템은 권력의 분산을 추구하는 자본주의의 자
유 시장과 다르게 작동합니다. 20세기에는 분산형 시스템이 확실
하게 우위에 있었지만, 새로운 과학기술에 힘입어 21세기에는 중
앙 집중형 시스템이 유력해질지 모릅니다.

감시 자본주의
시대가 온다

◇◇◇◇◇◇◇◇◇

자본주의 체제에서도 대규모의 데이터를 은밀히 모으는 곳이
있다고 들었습니다.

맞습니다. '감시 자본주의Surveillance Capitalism'*라고 하는데요. 실
제로 아마존 같은 민간 기업이나 미국 국가안보국NSA 같은 정부
기관이 사람들이 미처 알아채지 못하는 사이에 그들의 경험과 행
동에 관한 대규모의 데이터를 실시간으로 수집하고 있습니다. 적

* 디지털 감시 기술이 노동자 및 소비자의 행동을 면밀하게 관찰·분석해 모은 데이터로 수익
을 창출하는 자본주의 시스템

유발 하라리

절한 규제도 없이 말이죠. 그러다 보니 지금의 아마존은 한 기업을 매수하거나 파산시킬 정도의 강력한 힘을 갖고 있어요. 실제로도 그런 일이 일어나고 있고요. 이대로라면 시장 전체가 아마존의 손아귀에 들어갈지도 모릅니다.

감시 자본주의가 계속된다면 결국 자유 시장은 소멸하고 말 겁니다. 예를 들어 당신이 토마토를 사러 시장에 갔다 칩시다. 여러 가게에서 토마토를 팝니다. 만약 당신이 한 집에서 토마토를 시식했는데 별로라면 다른 데로 가면 됩니다. 가격이 문제라면 몇 군데 더 들러 제일 싼 토마토를 살 수도 있습니다. 하지만 20년 후에는 전 세계에서 토마토를 파는 곳이 아마존밖에 없을지도 몰라요. 그렇게 되면 우리는 더 이상 토마토를 고를 수 없습니다. 토마토의 맛도, 가격도, 양도, 모두 아마존이 결정하게 됩니다.

과거에는 너무 많은 정보와 힘이 한곳에 모였을 때 비효율이 초래되었지만, 빅데이터나 인공지능 같은 새로운 기술들은 중앙 집중형 시스템을 분산형 시스템보다 훨씬 효율적으로 만듭니다. 따라서 감시 자본주의 시대에선 권위주의 시스템의 약점으로 꼽히던 것이 오히려 장점이 될 수 있습니다.

인공지능 시대에 지켜야 할 것은
일이 아니라 인간이다

<><><><><><>

생산과 소비의 영역뿐 아니라 노동의 영역에서도 과학기술이
큰 변화를 초래할 텐데요. 실제로 많은 사람들이 조만간 인간의
일을 인공지능에게 빼앗길 것이라며 걱정하고 있어요. 이런 사회
가 와도 우리는 행복할 수 있을까요? 냉소주의나 허무주의에 빠
지지는 않을까요?

일이 사라지는 것 자체는 문제가 되지 않습니다. 솔직히 노동자
의 입장에서 모든 일이 항상 특별한 가치를 지니는 건 아니거든요.
실제로 많은 사람들이 하고 싶지 않아도 먹고살려면 돈을 벌어야
하니까 일을 합니다. 하루에 10시간씩 슈퍼마켓 계산대 앞을 지
키는 일이 꿈의 직업이라고 말하는 사람은 많지 않을 거예요.

저는 인공지능에 맞서 인간의 일을 지켜야 한다고는 생각하지
않습니다. 로봇에게 계산대 일을 빼앗겨도 괜찮아요. 오히려 이런
시대가 오면, 우리가 지켜야 할 것은 '일'이 아니라 '인간'일 것입
니다.

생계를 위해 어쩔 수 없이 했던 일들을 더 이상 하지 않아도 된
다니, 상상만 해도 멋지지 않습니까? 다음 두 문제가 해결된다면

유발 하라리

말이죠. 하나는 직업을 잃은 사람들을 어떻게 지탱할 것인가 하는 문제입니다. 보편적 기본 소득제universal basic income* 같은 대안들이 논의될 수 있겠죠.

다른 하나는 인생의 의미와 관련된 문제입니다. 이제 당신은 매일같이 공장에 출근해 10시간씩 일하지 않아도 됩니다. 의식주에도 부족함이 없습니다. 그럼 남아도는 시간엔 대체 무엇을 해야 할까요? 저는 해결책이 있다고 생각합니다. 삶의 기쁨과 의미를 일 대신 예술, 스포츠, 종교, 명상, 인간관계, 공동체 등에서 충족시키는 모델도 생각해볼 수 있습니다.

그러므로 인간이 구직 시장에서 밀려나는 일로 갑론을박할 필요는 없습니다. 알고리즘에 맞서 인간의 실직을 막겠다는 계획은 실제 성공하기도 어려울 테고요. 오히려 인간의 기본적인 필요를 충족시키고 사람들의 사회적 지위와 자존감을 지켜주는 방법을 고민하는 쪽이 더 현명합니다.

일이 없는 세계를 대비하는 건 필요합니다. 보편적인 경제 안전망을 통해 최소한의 생활 수준을 지탱해주는 방안 등을 마련하지 않고 모든 것을 시장의 힘에 맡겨두면 심각한 사태가 벌어질 테

---

* 근로 여부나 재산 규모 등과 상관없이 정부가 개인에게 일정한 생활비를 지급하는 사회 보장 정책. 누구까지 대상자로 포함해야 하며(보편) 인간다움을 위한 기본적인 필요를 어디까지 보살펴야 하는가(기본)에 대한 합의에 따라 구체적인 제도의 모습은 달라질 수 있다.

니까요. 아마 부와 권력이 한 줌의 엘리트들에게 집중되고 사람들 대부분은 빈곤에 빠져 하루하루가 아주 힘들 겁니다. 위기가 본격적으로 분출하는 걸 막기 위해서라도 뭐든 해야 합니다. 그게 뭐가 되었든 지키는 대상은 일이 아니라 인간이어야 합니다.

유일하게 불가능한 것은
현재에 머무는 것

◇◇◇◇◇◇◇◇◇

과학기술은 앞으로 계속 발전할 텐데요. 감시 자본주의가 도래하는 건 불가피한 일입니까?

기술은 무언가를 결정하는 것이 아니라 선택지를 줍니다. 기술적 발명으로 인해 사회 구조나 정치 체제가 결정되지는 않는다는 말입니다. 생각해보면 20세기에 여러 나라에서 기차, 전기, 자동차, 라디오, 텔레비전 등 산업 시대 기술들이 똑같이 사용됐습니다. 그렇다고 모두가 같은 종류의 사회로 수렴했나요? 아니죠. 실제론 파시스트 정권부터 공산주의 독재 정권, 자유 민주주의 정권까지 다양한 사회가 탄생했습니다. 증기기관차를 발명했다고 민주주의 정부가 수립되는 게 아닙니다. 기술은 결정론적이지 않

유발 하라리

습니다.

이 사실을 적나라하게 보여주는 사례가 오늘날의 한반도입니다. 동일한 언어와 역사를 공유하는 하나의 민족이 동시대의 과학기술을 사용해서 이렇게 다른 사회를 만들 줄 누가 알았을까요? 하지만 남쪽엔 자유 민주주의 정부가 이끄는 IT 강국이, 북쪽엔 핵을 보유한 가난한 독재 국가가 나왔습니다. 이처럼 같은 기술이라도 사람들이 어떻게 사용하느냐에 따라 결과는 달라집니다.

오늘날 각광받는 인공지능과 생명공학, 나노기술 등의 첨단 과학과 신기술은 앞으로 수십 년 안에 세계를 극적으로 바꿀 것입니다. 이것은 피할 수 없는 흐름입니다. 하지만 결정된 바는 아무것도 없습니다. 누구도 미래를 정확하게 예측할 수 없습니다. 우리가 유일하게 아는 것은 지금 상태에 머무르는 게 더 이상 불가능하다는 사실뿐입니다.

기술 자체는 나쁘지 않아요. 다만 기술이 너무 큰 힘을 갖게 되어 우리가 그 노예로 봉사하게 두어서는 안 됩니다. 크게는 인간을 위해 기술이 봉사하는 방향으로 나아가야죠. 정부 차원에서는 유전자 조작 기술, 자율 무기 체계Autonomous Weapon Systems, AWS* 같

* 인공지능 기술을 기반으로 자율적인 의사 결정 능력과 수행 능력을 가진 무기 체계. 사람의 개입 없이 표적을 설정하고 추적하고 처리하는 '킬러로봇' 등이 포함된다.

은 위험한 기술 개발을 규제해야 합니다. 개인 수준에서도 가령 스마트폰이 자신의 생활을 지배하고 있는 건 아닌지 점검하고 자신의 존재와 삶에 대한 통제권을 알고리즘에게 쉽사리 넘겨주지 말아야 합니다.

새로운 지식과 기술이 가능하게 만든 미래 사회 시나리오는 여러 가지가 있습니다. 하지만 가능하다고 해서 반드시 그래야만 하는 건 아닙니다. 우리 앞에는 다양한 선택지가 놓여 있습니다. 그리고 완전한 선택권은 아닐지 몰라도, 우리는 그중에서 고를 수 있습니다.

자본주의의 미래는 열려 있다

◇◇◇◇◇◇◇◇◇

교수님은 자본주의의 미래를 어떻게 예상하시나요?

앞으로 자본주의가 어떻게 변해갈지는 명확하지 않습니다. 확실한 건 우리가 내리는 정치적 결정에 따라 크게 좌우될 거라는 점이죠. 특히 '데이터 소유를 어떻게 규제할 것인가?'라는 문제가 최근 새로운 정치 의제로 떠오르고 있습니다. 왜냐하면 21세기에는 데이터가 세계에서 가장 중요한 자산으로 부상할 것이기 때문입니다. 부와 권력의 원천인 데이터를 누가 차지하느냐에 따라 정치, 경제, 사회 모두가 바뀔 것입니다.

선두에 있는 페이스북, 구글 등의 기업들은 데이터 소유권에 관한 정부의 규제에 반대합니다. 한편 중국처럼 데이터를 국유화하려는 나라도 있지요. 그런데 데이터를 장악한 소수의 기업도 두렵지만, 정부가 데이터를 독점하는 게 더 낫다는 보장도 없습니다. 우리는 그 중간 지점에서 타협점을 찾아야 합니다.

데이터 소유의 규제는 간단한 문제가 아닙니다. 우리는 데이터가 누군가의 재산으로 간주되고 취급되는 게 무슨 의미인지 잘 모르며, 데이터 소유를 규제해본 적도 전혀 없기 때문입니다. 토지의 소유 문제라면 인류에겐 수천 년이나 되는 경험이 있습니다. 덕분에 토지 시장은 적절하게 관리되어 왔죠. 기계나 공장의 소유 문제라면 수백 년의 경험이 있습니다. 예를 들어 많은 나라에서 운영하고 있는 독점금지법(반독점법)은 특정 기업이 시장을 지배하고 경쟁을 없애려는 걸 막음으로써 자본주의 제도를 지탱해왔습니다.

하지만 데이터는요? 과거의 경험을 응용하려고 해도, 데이터는 토지나 기계, 공장과 성격이 너무 다릅니다. 데이터는 이곳저곳으로 흐르고 복사도 무제한으로 가능하며 동시에 여러 곳에 산재할 수도 있습니다. 이런 데이터 소유를 누가, 어떻게 규제할 수 있을까요? 적절한 규제 방식은 아직 모릅니다. 사실 페이스북과 구글, 아마존의 독점을 어떻게 규제해야 할지 누구도 결론을 내리지 못한 상태죠.

자본주의의 미래는 불명확합니다. 데이터가 부와 권력의 원천인 경제, 다시 말해 데이터가 가장 중요한 자산인 경제로 이행했을 때, 어떤 자본주의 구조가 잘 기능할지는 아무도 몰라요.

데이터가 자산인 경제와 지금의 경제가 어떻게 다른지 구체적으로 설명해주시겠어요?

우리는 오랫동안 화폐 경제, 다시 말해 통화를 매개로 한 거래 활동을 해왔습니다. 사과와 배를 교환하는 대신 사과의 가치를 돈으로 지불하고, 정부 세금도 노동이나 지역 특산품 대신 돈으로 납부하죠.

그런데 미래에는 지금의 화폐가 사라질 가능성이 있습니다. 돈이 없는 자본주의라니, 상상이 되시나요? 분명한 건 앞으로 수십 년 사이에 달러와 엔, 유로 같은 화폐는 그 중요성이 분명 낮아질 거라는 점입니다. 대신 데이터를 매개로 하는 거래가 더 많아질 거예요.

유발 하라리

그렇게 되면 기존의 교환 방식, 통화 체계, 조세 제도는 근본적인 변화가 불가피할 겁니다. 우리는 데이터가 유일한 교환 품목이자 수단임을 전제한 새로운 경제를 준비해야 합니다.

그런 사회도 자본주의라고 부를 수 있습니까?

어떨까요? 지금부터 설계하기 나름 아닐까요? 자본주의는 영속적인 시스템이 아닙니다. 생긴 지도 몇 세기밖에 되지 않았습니다. 중세만 해도 없었어요. 그러니 100년 뒤에는 자본주의가 사라질지도 모르죠.

그때엔 국가가 발행하는 통화가 없어질 수 있습니다. 또 사람들 대부분이 직업을 가지지 않고 정부에서 주는 소득에 의존하며 살아갈 수도 있습니다. 다시 말해 현 자본주의 체제의 근간을 이뤄온 생산과 노동에서의 원칙들이 100년 후의 자본주의와는 무관해질 수 있습니다.

물론 미래에도 어떤 형태로든 경제 제도가 존재할 것임은 틀림없는 사실입니다. 다만 그것은 오늘날의 제도와 상당히 다른 모습일 겁니다.

2장

◇◇◇◇◇◇◇◇◇◇

거대 디지털 기업들은
세계를 어떻게 바꿀 것인가

스콧 갤러웨이
Scott Galloway

GAFA의 본질을 간파한 도발적인 지식인
뉴욕 대학교 스턴 경영대학원 교수
『플랫폼 제국의 미래』에서 GAFA의 지배력에 경종을 울렸다

◇◇◇◇◇◇◇◇◇◇

구글^{Google}, 애플^{Apple}, 페이스북^{Facebook}, 아마존^{Amazon}은 그 첫 글자를 따 '가파^{GAFA}'로 일컬어진다. 우리는 이미 이 거대한 플랫폼 기업들 없이 일도 생활도 할 수 없는 세상에 살고 있다. 브랜드 전략과 디지털 마케팅 분야의 선구적인 학자이자 현재 영미권에서 가장 주목받는 지식인으로 꼽히는 스콧 갤러웨이는 GAFA가 어떻게 국경을 초월해 사람들의 욕망을 착취하는지 적나라하게 보여준다. GAFA가 제공하는 혜택을 인지하면서도 동시에 그들의 도를 넘은 행태를 격렬하게 비판하는 그와 함께, 과학기술이 주도하는 현대 자본주의의 위험성을 생각해봤다.

스콧 갤러웨이

❖❖❖

신, 섹스, 사랑 그리고 소비

◇◇◇◇◇◇◇◇

저서 『플랫폼 제국의 미래』는 22개국에서 출간된, 세계적인 베스트셀러입니다. 이 책에서 교수님은 'GAFA가 자본주의의 규칙을 새로 썼다' 'GAFA의 분할은 자본주의에서 당연한 결론이다'라고 말하며 네 기업의 무시무시한 힘에 경종을 울렸는데요. 이에 먼저 묻고 싶습니다. GAFA는 어떻게 이렇게까지 성장할 수 있었을까요?

저는 GAFA가 인간의 기본적이고 본능적인 욕구에 호소함으로써 대성공을 거두었다고 봅니다. 구체적으로 구글은 신, 애플은 섹스, 페이스북은 사랑, 아마존은 소비를 향한 욕구에 호소합니다.

구글은 현대판 신입니다. 우리 조상들은 자신의 아이가 병에 걸리면 신에게 빌었습니다. '우리 아이가 괜찮을까요?'라고 물으면서요. 인간의 뇌는 아주 복잡한 질문을 던질 정도로 발달했지만, 모든 질문들에 답할 수 있을 정도로 앎을 갖추지는 못했습니다. 따라서 해결할 수 없는 어려운 상황과 마주했을 때, 인간은 신을 찾았습니다. 그리고 대답을 듣기 위해 기도하며 간청했죠. 하지만 신의 목소리를 듣지는 못했습니다.

오늘날엔 사람들이 구글 검색창에 '편도선 증상 치료법'이라고 쓰고 엔터키를 누릅니다. 종교 속 신과 다른 게 있다면 구글은 반드시 대답을 준다는 겁니다. 구글은 성가시게 하거나 괴롭게 만드는 온갖 물음표들로부터 우리를 자유롭게 만들어줍니다. 기도가 신을 향한 물음이라면, 구글은 신이고 검색은 기도와 같으며 검색 결과는 은총과 다름없습니다.

구글은 우리가 결혼을 생각하고 있다는 사실을 압니다. 이혼을 고민하기 시작했으며 왜 그런 생각을 하는지도 압니다. 구글은 우리의 생각을 봅니다. 그리고 '물음'에 아무 잣대를 들이대지 않고 친절하게 답해줍니다. 목사든 신부든 랍비든, 친구든 가족이든, 상사든 학자든 기관이든, 그 누구도 구글을 향한 믿음과 신뢰

스콧 갤러웨이

를 따라가지 못합니다.

그렇다면 애플은요? 애플은 섹스입니다. 우리는 이성 앞에서 매력적으로 보이고 싶어 합니다. 더 좋은 파트너를 얻기 위해, 다시 말해 더 좋은 유전자를 가진 자손을 남기기 위해서죠.

오늘날 이성에게 가장 호소할 수 있는 가치는 '고수입 종사자로 도시에 살면서 창조적인 일을 한다'는 점인데요. 이 매력을 어떻게 낯선 타인에게 자연스럽게 내보일 수 있을까요? 방법은 간단합니다. 바로 아이폰을 들고 다니는 거죠. 아이폰을 가졌다는 건 1,300달러나 되는 휴대전화를 살 경제력이 있음을 의미합니다. 애플 로고를 장착한 노트북과 모바일 기기들은 그 소유자의 부와 사회적 지위를 대변해줌으로써 인간의 성적 욕구와 생식 욕구를 자극합니다.

페이스북은 사랑입니다. 인간은 사랑 없이 살 수 없습니다. 경제적으로 풍요로워도 애정이 부족한 환경에서 자란 아이는 가난하지만 애정이 넘치는 환경에서 자란 아이만큼 능력을 발휘하지 못한다고 알려져 있죠. 사랑은 사람과 사람과의 관계 속에서 생깁니다. 그 상호 작용의 수와 깊이에 비례해 우리는 더 행복해집니다.

페이스북은 인간관계를 촉진하고 그 연결 고리를 강하게 해줍니다. 누군가에게 받아들여지고 사랑받는다는 느낌과 행복감을 주지요. 페이스북은 우리의 심장, 감정에 호소합니다.

아마존은 소비입니다. 수렵 채집인 조상들이 가장 두려워했던 문제는 굶주림이었습니다. 자연재해나 전염병으로 언제 굶어 죽을지 모르기 때문에 동굴에 차고 넘치게 식량을 쌓아두는 것이 현명한 전략이었죠.

우리 내면의 동굴인은 지금도 '더 많이'라고 말합니다. 세상은 변했지만 인간은 이 수집 본능에서 벗어나지 못했습니다. 현대인은 항상 더 많은 물건을 가지려는 강박에 사로잡혀 있습니다. 주방 선반이나 옷장이 불필요한 물건으로 넘쳐나더라도 말이죠.

자본주의는 불필요함을 자각하는 합리적인 감각이 '더 많이'라는 욕구를 이기지 못한다는 걸 일찍 간파하고, 끝없는 소비를 장려해왔습니다. '저렴한 상품을 많이 제공한다'는 사업 전략은 매우 성공적이었지요. 중국은 저렴한 상품을 대량으로 생산해 전 세계로 수출함으로써 놀라운 경제 성장을 이뤄냈습니다. 동네 구멍가게에서 세계 최고의 유통 기업으로 성장한 월마트Walmart, 시골 옷가게에서 글로벌 의류 회사로 거듭난 유니클로Uniqlo도 마찬가지입니다.

같은 전략으로 가장 큰 성공을 거둔 회사가 바로 아마존입니다. 아마존은 더 많은 것을 더 적은 노력으로 획득하려는 우리의 '소비 자아'를 착취합니다.

스콧 갤러웨이

GAFA는 신, 섹스, 사랑, 소비를 향한 인간의 욕구가 영리 기업의 형태로 현현顯現한 것입니다. 그 결과, GAFA는 시가 총액 합계가 프랑스의 GDP(국내총생산)를 웃돌 정도로 폭풍 성장했습니다.

GAFA는 시장을 독점하고 합법적인 부정을 저지르고 있다

◇◇◇◇◇◇◇◇

교수님은 이 네 기업을 「요한계시록」의 '네 기사'The Four Horsemen'*에 비유하며 비판의 칼날을 들이댔습니다. 구체적으로 어떤 점이 문제라고 생각하십니까?

구글도, 페이스북도 생긴 지 얼마 되지 않았을 때는 저 역시 러브레터를 받은 것처럼 설레는 마음으로 그들을 지켜보았습니다. 그들과 함께 일한 적도 있습니다. 주식도 샀고요. 제자들에게 취직을 권하기도 했지요.

하지만 2년이란 시간을 들여 GAFA의 실태를 알고 나서 제 생각은 바뀌었습니다. 알고 보니 제가 받은 건 러브레터가 아니라

---

* 선악의 최후 대결을 서술한 「요한계시록」에 등장하는 흰 말을 탄 '질병'의 백기사, 붉은 말을 탄 '전쟁'의 적기사, 검은 말을 탄 '기근'의 흑기사, 푸른 말을 탄 '죽음'의 청기사

경고문이었어요.

지금의 GAFA는 '너무' 커졌습니다. GAFA는 숭고한 비전을 내걸고 인간의 본능을 자극하며 법률을 무시하고 경쟁 상대를 자금력으로 짓밟아 거대한 제국을 건설했습니다.

다른 기업에게는 적용되는 규제들이 GAFA에게는 적용되지 않습니다. 다른 기업에게는 물리는 세금이 GAFA에게는 부과되지 않습니다. 수십 수백 년 동안 시장의 독점을 막아온 역사가, 지금 짓밟히고 있습니다.

아마존 같은 기업은 연방 정부나 주 정부로부터 세제 우대나 보조금 지원 등의 각종 혜택을 누리고 있습니다. 하지만 그곳에서 일하는 직원들은 저임금·고강도 노동에 시달리면서 생계 지원을 받을 정도로 가난합니다. GAFA의 주인들은 세계에서 가장 부유하면서도 지나치게 낮은 임금으로 노동자를 쥐어짜고, 그 와중에 보조금과 세금 감면을 받으려고 분주히 뛰어다니면서 이익을 챙기고 있습니다. 그럼에도 그들은 세계 최고의 혁신가로 칭송받고 있지요.

하나의 기업이 거대해져서 지나치게 큰 영향력을 갖게 되면 온갖 부정이 일어나게 됩니다. 최근 이슈가 되고 있는 것이 세금 회피 문제입니다. 미국에서 2008년 금융 위기 이후 10년간 월마트가 낸 법인세는 640억 달러였지만, 아마존은 14억 달러에 불과

스콧 갤러웨이

했습니다. 아마존은 장기 비전으로 투자자들을 매료시켜 막대한 자금을 저렴하게 빌리고, 벌어들이는 수익을 다른 사업에 재투자함으로써 법인세로 빠져나가는 돈을 절약해왔습니다.

세계에서 가장 성공한 기업들이 내야 할 세금을 내지 않으면 소방관, 군인, 공무원 들에게 어떻게 월급을 주죠? 거대 IT 기업이 세제 지원 혜택을 누리는 동안, 작은 기업들이 더 많은 세금을 내면 됩니다! 세금 제도의 역진성逆進性 문제가 발생하는 거죠. 이런 상황은 자본주의는 물론이고 미국의 정신에도 반하지만, 엄연한 현실입니다.

고용은 파괴되고
혁신은 가로막히고

◇◇◇◇◇◇◇◇◇

과거 규모가 큰 회사들과 존경받는 기업가들이 수십만 노동자를 고용했듯, 일국의 GDP에 맞먹는 부를 소유한 GAFA 역시 고용을 창출한다는 면에서는 좋게 평가받을 수 있지 않습니까?

많은 사람들이 GAFA가 고용을 창출한다고 말하지만 실제로는 그렇지 않습니다. 엄밀히 말해 GAFA는 '소수의 고용'을 창출하고

'다수의 고용'을 파괴합니다. 페이스북과 구글이 230억~250억 달러 규모의 수익을 추가로 내는 데는 2만 8000명의 고용이 더 필요합니다. 고학력·고스펙 친구들이 탐내는, 돈벌이가 좋은 고급 일자리입니다.

한편 전 세계적으로 광고 산업은 몇 년째 성장하지 못하고 제자리걸음을 하고 있습니다. 덴츠나 IPG, WPP 같은 업계 대기업들이 부진을 면치 못하고 있는데요. 이들이 250억 달러라는 수익을 올리기 위해서는 약 25만 명의 인원이 필요합니다.

페이스북과 구글이 2만 8000명을 고용해서 벌어들인 250억 달러는 다른 광고 기업의 성장을 저해하고, 25만 명의 고용을 사라지게 만들었습니다. 이 상황은 마치 5만 명을 수용하는 양키스 타디움 다섯 곳에 크리에이티브 디렉터Creative Director와 미디어 플래너Media Planner, 카피라이터Copywriter 등을 모이게 한 뒤, 페이스북과 구글이 "이제 당신들의 일자리는 없습니다"라는 해고 통지서를 내미는 것과 같습니다.

이것이 '고용의 파괴'가 의미하는 바입니다. 전통적인 일자리들이 새로운 기술 직군에게 산 채로 잡아먹히고 있어요. 실제로 GAFA는 고용의 창출자가 아니라 오히려 고용의 파괴자입니다.

GAFA가 다른 스타트업의 성장을 저해한다는 말은 무슨 뜻입니까?

    오늘날 기업가에게 가장 큰 어려움은 자금 조달이 매우 힘들다는 점입니다. 전자 상거래, 검색 엔진, 소셜 미디어, 컴퓨터 하드웨어 같은 분야에서 새로운 사업을 시작하려고 해도 투자자들이 'GAFA와 경쟁하기란 불가능하다'고 생각하기 때문입니다. 그렇게 자금을 조달받지 못해서 하루살이처럼 사라지는 신생 기업들이 의외로 많습니다.

    많은 사람이 혁신의 시대를 살아간다고 생각할지 모르지만, 사실 우리는 혁신이 없는 시대에 살고 있습니다. 이것은 최근 40년 동안 매일 생겨나는 새로운 비즈니스의 숫자가 절반가량 줄었다는 점만 봐도 알 수 있어요. 놀랍게도, 지금보다 1970년대에 훨씬 더 많은 새로운 비즈니스가 등장했습니다.

    독점 기업은 혁신을 저해합니다. 이들은 투자자 자본과 세계 최고의 인재들을 블랙홀처럼 빨아들입니다. 훗날 본인들을 성가시게 할 것 같은 잠재적 경쟁자는 매수해버립니다. 이런 현실에서 작은 회사가 성장하기란 거의 불가능에 가깝죠.

    교수님은 GAFA가 주주 가치 높이기와 돈벌이에만 혈안이 되어 있다고 비판했습니다.

자본주의에서 기업은 고령자의 곤궁한 삶이나 사람들의 마음 속 평안에는 관심이 없습니다. 죽음을 앞둔 사람에게 도움의 손길을 내미는 것도, 화성을 탐사하는 것도 기업의 역할은 아닙니다. 모든 기업의 목적은 이윤을 창출하고 주주 가치를 높이는 것입니다.

GAFA도 마찬가지입니다. 그런데 사람들은 GAFA가 내세우는 이미지, 즉 진보적이고 혁신적인 가치를 옹호하며 공익을 추구한다는 이미지를 곧이곧대로 믿습니다. 그들은 자기네 제품과 서비스가 세상을 더 나은 곳으로 만들고 있다고 주장합니다. 수많은 추종자들은 그들을 본보기로 삼아야 하고 그들에게 무한한 관용을 베풀어야 한다고 말합니다.

하지만 인류 구제 등의 숭고한 비전을 내세운들 그런 이미지는 '환상'에 지나지 않습니다. GAFA의 본질은 기업입니다. 오히려 그들은 수익 창출에 방해가 되는 사회적 책임은 교묘히 피하고 있습니다. 세계 최고의 두뇌들과 세계 최대 규모의 자본이 한데 모여 인류의 미래를 고민하는 대신 시가 총액을 높이고 돈을 벌어다 줄 아이템을 궁리하는 일에 몰두하고 있어요.

스콧 갤러웨이

사람과 돈, 그리고 행복

◇◇◇◇◇◇◇◇◇

'돈이 전부'라는, 이 건강하지 않는 현상이 계속 될까요? 사람들은 왜 이렇게까지 돈에 마음을 뺏길까요?

자본주의 사회에서 돈은 경제적 안정을 제공합니다. 돈이 있으면 건강을 잘 관리할 수 있고 오래 살 수 있으며 스트레스도 적게 받죠. 고소득자는 저소득자보다 반려자의 선택지가 넓습니다. 부유한 가정은 자녀를 좋은 학교에 보낼 수 있습니다. 잘 교육받은 자녀는 성공할 가능성이 그만큼 높습니다. 그래서 고수입이 보장되는 직장이나 직업을 두고 사람들 간에 경쟁이 일어납니다.

사람들의 '돈 욕심'은 좋은 점도 있습니다. 발전을 지향하는 마음은 새로운 아이디어와 창업으로 이어지거든요.

중요한 것은 이렇게 커진 사회적 부가 개인의 호주머니에서만 머물 것이 아니라 어느 정도는 미래를 위해 투자되어야 한다는 점입니다. 우리는 무상으로 운영되는 좋은 학교가 있어서 모든 사람들이 창의적인 교육을 받고, 경쟁에서 뒤처진 사람들이 절망하지 않도록 사회적 안전망을 제공하는 사회를 만들어가야 할 것입니다.

사람들이 돈을 추구하는 또 다른 이유는 더 많이 가질수록 더 행복해진다고 생각하기 때문입니다. 하지만 많은 연구들은 사람이 물질만으로 행복해질 수 없다고 말합니다. 자본주의와 이기주의는 부를 얻을 수 있는 강력한 시스템이지만, 부와 행복이 그다지 상관관계가 없음을 깨닫는 것도 중요합니다.

거대 독점 기업은 분할되어야 한다

정부는 GAFA를 어떤 식으로 규제해야 하나요?

일본이나 미국, 유럽에는 기업이 너무 거대해지면 정부가 개입해 분할해온 자랑스러운 역사가 있습니다. 하지만 오늘날엔 혁신적인 창업자들을 향한 무분별한 숭배 때문에 GAFA를 규제하지 못하고 있어요.

지금은 점유율이 조금 낮아졌지만 2014년에는 구글이 검색 엔진 분야에서 93퍼센트를 장악하고 있었습니다. 만일 도요타가 일본 자동차 시장의 93퍼센트를 점유했다면 필시 작은 회사로 분할되었을 것입니다. 그에 비하면 GAFA는 특별 대우를 받아왔다고 해도 과언이 아니죠. 그렇게 GAFA는 아무 제재 없이 엄청난 힘을 가진 '괴물'로 성장해서 세계 경제에 악영향을 끼치고 있습니다. 이들은 생긴 지 얼마 되지 않은 작은 기업을 망하게 하는 것은 물론, 납세와 고용을 통해 사회에 이바지해온 대기업까지 파탄으로 내몰고 있어요.

전 세계 검색 엔진과 소셜 미디어, 전자 상거래 분야에서 하나의 기업이 독점하는 상황이 이 모든 비극의 원인이라면, 해결책은 단순합니다. 거대한 독점 기업을 여러 기업으로 분할하는 것이죠. 자본주의에서 가장 중요한 것은 뭐니 뭐니 해도 '경쟁'이니까요.

저는 GAFA가 '악惡'이라고 생각하지 않습니다. 세금 회피가 GAFA만의 문제는 아니죠. 다른 기업들도 그렇게 하거든요. GAFA는 고용을 파괴하죠. 하지만 때로는 고용의 파괴자도 필요한 법입니다. 문제는 GAFA가 독점적 지위를 이용해 무소불위의 권력을 휘두르는데도 아무 규제를 받지 않는다는 점입니다.

거대 기업을 분할하고 시장 경쟁을 회복해야 한다는 교수님의 말에는 동의를 합니다. 하지만 현재의 GAFA는 너무 막강해서 그런 '공격'이 유효할지 모르겠습니다. GAFA 분할, 실현 가능성이 있겠습니까?

1980년대까지 미국 통신 사업은 '마벨Ma bell'이라는 애칭으로 불렸던 에이티앤드티AT&T, American Telephone and Telegraph가 80퍼센트를 독점하고 있었습니다. 그러다가 1984년에 법무부가 그 회사를 8개 회사(7개의 지역 전화 회사와 장거리 전화 회사인 AT&T)로 강제 분할했죠. 1911년에는 석유 회사인 스탠더드오일Standard Oil이 대법원 판결에 의해 34개의 회사로 쪼개졌습니다.

시장을 독점하는 거대 기업을 분할했더니 경제는 타격을 받기는커녕 오히려 눈부시게 성장했습니다. 예를 들어 마벨이 독점적 지위를 지키기 위해 연구실에 묵혀 두었던 광통신이나 휴대전화, 데이터 통신 기술이 세상에 빛을 보게 되었고 그 결과 새로운 서비스들이 개발되었습니다. 또 통신 품질이 좋아지고 가격은 낮아졌으며 똑똑하고 젊은 경영인들이 시장에 들어와 서로 경쟁했습니다. 장비 제조업 분야도 덩달아 활력을 되찾았고요.

이러한 경험을 고려하면 GAFA라는 네 기업을 분할하는 것은 경제뿐만 아니라 사회적으로도 유익한 일이 될 것입니다. 예를 들어 페이스북이 증오와 폭력을 조장해 타인을 공격하는 무기로, 또 가짜 뉴스fake news를 퍼뜨리는 기계로 쓰이는 이유는 페이스북이 대책 마련에 소홀하기 때문입니다. 페이스북은 광고주나 콘텐츠를 감독하고 부적절한 내용을 배제하려고 노력하지 않습니다. 자사는 '콘텐츠를 생산하는 미디어 회사'가 아니라 '콘텐츠를 실

스콧 갤러웨이

어 나르는 플랫폼'일 뿐이라고 주장하면서 수십억 건의 클릭 수와 그에 비례하는 수익을 교묘히 챙깁니다.

그렇다면 페이스북을 그것과 왓츠앱WhatsApp, 메신저Messenger, 인스타그램Instagram으로 분할한다면 어떻게 될까요? 지금까지는 페이스북을 쓸 수밖에 없었던 사람들에게 선택권이 생깁니다. 그럼 네 회사는 '우리 플랫폼은 타인을 공격하는 혐오스러운 콘텐츠, 기타 악의적인 게시물을 배제한다'고 공공연하게 선언하며 서로 경쟁할 것입니다. 또 구글과 유튜브가 분할된다면 검색 엔진 분야에서 구글의 압도적인 시장 점유율은 떨어지게 될 것입니다. 다시 말해 해결책은 GAFA가 독점해온 시장에 자본주의 경쟁을 되살리는 것입니다.

물론 많은 사람들이 'GAFA는 너무 거대해졌다. 지나치게 힘을 많이 가지고 있다. 하지만 네트워크 효과Network Effects**2**로 인해 GAFA에서 우리가 느끼는 효용은 엄청나며 계속 커지고 있다. 이미 되돌리기엔 늦었다. 이것이 우리가 사는 세계다'라고 주장합니다. 그러나 저는 '세계는 우리가 만들어나간다'고 믿습니다.

지금이 바로 개입할 때입니다. 강한 의지가 있다면 충분히 가능합니다. 마벨도, 스탠더드오일도, 매우 강력했지만 결국 분할되었

---

2 이용자가 많아질수록 서비스와 제품의 가치가 높아지며 그로 인해 이용자를 끌어모으는 선순환 효과

습니다. 독점금지법을 발동해 시장의 독점을 배제해온 역사를 기억하시길 바랍니다.

공정한 규칙과
경쟁할 자유를 회복하라

◇◇◇◇◇◇◇◇

교수님을 사회주의자라고 지적하는 사람도 있습니다.

저는 2016년 대선 당시 힐러리 클린턴Hillary Clinton을 뽑았습니다. 저뿐이 아니고 제가 살던 맨해튼 주민의 80퍼센트가 그에게 투표했죠. 그만큼 힐러리의 패배는 제게 엄청난 충격이었습니다.

이후에 저는 사람들의 생각을 더 잘 알아야겠다고 생각해 레드스테이트Red State(공화당 지지자가 많은 주)에 가서 보수 성향의 미국 케이블 뉴스 채널인 '폭스 뉴스Fox News'를 방문했습니다. 그때 제가 GAFA의 분할을 주장했는데요. 그 말을 들은 수많은 사람들이 저보고 사회주의자라고 하더군요. 하지만 그것은 오해입니다. 저는 사회주의가 해결책이라고 생각하지 않거든요.

오늘날의 사회는 일종의 독재 체제를 향해 가고 있습니다. 즉 소수의 인간과 소수의 기업이 지나치게 큰 힘을 가진 상황입니다. 이런 승자 독식 체제는 진정한 자본주의와 맞지 않습니다. 자본주의의 건전한 발전을 위해서는 공정한 경쟁이 중요하거든요. 저는 관용과 규칙과 경쟁이 있고, 작은 회사도 살아남을 수 있으며 거대 기업도 공정하게 납세하는 자본주의 시장을 만들어야 한다고 생각합니다. 사회주의가 좋다는 게 아니에요.

제2차 세계대전 당시 영국 총리였던 윈스턴 처칠 Winston Churchill 은 "민주주의는 최악의 시스템이다. 하지만 지금까지의 시스템보다 조금은 뛰어나다"라고 말했는데, 여기서 '민주주의'를 '자본주의'로 치환하면 제 생각도 같습니다. 물론 자본주의에는 부정적인 면이 있습니다. 하지만 자본주의를 비판한다고 해서 제가 사회주의자인 건 아닙니다.

독점 기업의 강제 분할은 미국이 내세우는 '자유'에 위배되는 것 아닙니까?

우리에게는 기본적인 자유가 있습니다. 동경하는 사람을 존경할 자유, 사랑하고 싶은 사람을 사랑할 자유, 타인의 권리를 침해하지 않는 범위 안에서 원하는 것을 할 자유, 그리고 법 테두리 안에서 열심히 일해 부를 쌓을 경제적 자유가 있습니다.

하지만 오늘날의 미국에선 많은 사람들의 경제적 자유가 침해되고 있습니다. 남을 위하는 체하며 자기 잇속만 챙기는 행태가 전혀 규제되지 않기 때문입니다. 게임의 규칙은 크게 왜곡되었고 자유로운 시장이라는 운동장은 이미 기울어져 있습니다. 부와 권력이 소수에게 집중되어 있고 역전할 기회는 원천 봉쇄되어 있는 상황에선, 열심히 일해 집과 차를 사고 건강을 좋은 상태로 유지하고 자녀를 좋은 대학에 보낼 자유를 운 좋은 소수만 누리게 됩니다.

교육은 이미 '카스트 제도caste system'의 다른 말이 되었습니다. 일류 대학을 졸업한 사람은 대학을 졸업하지 않은 사람보다 더 많은 돈을 벌고 더 자주 성공할 기회를 얻는다는 걸 누구나 잘 압니다. 하지만 미국 상위 20퍼센트에 드는 부유한 가정에서 태어난 자녀들은 80퍼센트가 대학에 가는 반면, 하위 20퍼센트에 속하는 가난한 가정에서 나고 자란 아이들은 10명 중 1명꼴로 대학에 갑니다. 가난한 집 아이들에게 소득 불평등은 되물림되는 일종의 굴레처럼 작동하는 셈입니다.

자본주의에는 승자와 패자가 항상 존재하는 법이니 어느 정도의 격차가 생기는 건 어쩔 수 없습니다. 하지만 1퍼센트가 승자이고 나머지 99퍼센트가 패자라면 이야기는 달라집니다. 이것이 진정으로 사람들이 바라는 바일까요? 아니면 조금 더 균형 잡힌 상황을 바랄까요? 자유란 크고 복잡한 문제입니다.

스콧 갤러웨이

GAFA는 불평등을
확대하고 있다

◇◇◇◇◇◇◇◇

GAFA가 사회적 격차를 확대시킨다고 보십니까?

'경영학의 아버지'로 불리는 오스트리아 출신의 경영학자 피터 드러커Peter Drucker는 "경제의 목적은 중산층을 만드는 것이다"라고 말했습니다. 저 또한 그렇게 생각합니다. 일본과 미국, 유럽을 보면 중산층은 자본주의 사회의 허리 역할을 담당해왔습니다. 실제로 중산층이 낸 세금이 소아마비 백신과 빈곤층의 생활 보조금에 쓰입니다.

GAFA 등의 거대 IT 기업은 분명 중산층에게 어느 정도 혜택을 줍니다. 하지만 거대 IT 기업의 수익과 중산층의 임금 상승률을 비교해 보면, 이 둘은 반비례하는 관계에 있습니다. 거대 IT 기업의 시장 가치는 나날이 높아져만 가는데, 중산층의 임금은 제자리걸음이거나 하향세인 거죠.

GAFA는 성공의 열매를 수십만 중산층 대신 소수의 혁신가 계급하고만 나눕니다. 중산층은 빠른 속도로 몰락하고 있고 오프라인 매장과 도시는 생기를 잃어가고 있습니다. 그 많은 사람들이 울분을 어디로 쏟아낼 것 같습니까? 지금 정부는 중산층 보호를 경제 정책의 최고선最高善으로 삼아야 합니다.

이미 GAFA가 없는 삶은 생각할 수조차 없는 세상에서, 이 '거인'들에 대항해 개개인이 할 수 있는 게 있을까요?

우리는 사회가 어디를 향해 가고 있는지 항상 의식하고 있어야 합니다. 특히 지금의 세상은 '기술의 독재'가 너무나 심한 상태입니다. 이미 한계에 와 있어요.

저는 GAFA의 모든 서비스를 이용하고 있고, 그들의 주식도 보유하고 있습니다. 또 GAFA 중 어딘가에 취직할 수 있다면 좋은 일이라고 학생들에게 말합니다. 하지만 다른 기업들이 그렇듯, GAFA도 세금을 납부해야 합니다. 그들의 힘이 지나치게 강하다면 그들은 분할되어야 합니다.

따라서 저는 GAFA를 분사화하겠다는 개혁적 성향의 리더에게 투표할 겁니다. 시민은 정부를 압박할 수 있습니다. 우리는 1달러 중 23퍼센트를 세금으로 내는 대신 정부에게 시장에 개입해서 자본주의의 규칙을 다시 정상화하라고 요구할 수 있습니다.

스콧 갤러웨이

99퍼센트가 1퍼센트의
하인이 되는 사회

◇◇◇◇◇◇◇◇

GAFA는 경제 지형을 바꿨을 뿐만 아니라 사람들의 가치관에도 변화를 일으킨 것처럼 보입니다.

억제와 균형의 시스템이 없는 상태에서 GAFA의 영향력이 더욱 커지고 있다는 사실은 우리 사회가 병들고 오염되었다는 징후일지도 모릅니다. 무엇보다 사람을 인격으로 평가하지 않고 부로 판단하는 분위기가 만연해졌어요. 일본에서도 유럽에서도 미국에서도 인품이 좋은 사람이나 착한 사람은 더 이상 존경받지 못합니다.

생활 수준이 높아지고 고등 교육이 보편화되면서 교회에 가는 사람은 줄어들고 있습니다. 이제 사람들은 신 대신 IT 업계 창업자들을 우러러봅니다. 손정의(소프트뱅크 대표이사)나 마크 저커버그Mark Zuckerberg(페이스북 공동창업자·현 CEO), 제프 베조스Jeff Bezos(아마존 공동창업자·현 CEO)가 오늘의 영웅이죠.

그중에서도 열광적인 신자들을 거느린 사람이 바로 스티브 잡스Steve Jobs(애플 공동창업자·전 CEO, 1955~2011년)입니다. 추종자들은 혁신을 종교로, 애플을 교회로 삼고, 아이폰을 성물인 양 모시면서 스티브 잡스를 새로운 예수 그리스도처럼 숭배합니다. 애플의 제품 출시 이벤트에서는 고인의 모습을 스크린에 비추며 그를 찬양합니다.

이런 세속적 숭배는 매우 위험합니다. 이쯤 되면 스티브 잡스에 대한 그 어떤 제재도 불경스러운 것이 되어버립니다. 실제로 그는 완벽한 사람이 아니었고 애플은 여러 부정을 저질렀지만 비판과 구속 처분을 모두 피해갔습니다. 이건 공정하지 않을뿐더러 GAFA의 지배 우위를 더욱 굳건히 합니다.

GAFA의 출현이 미국 사회에 끼친 영향은 무엇인가요?

미국은 다소 길을 잃었습니다. 미국은 일찍부터 기회의 땅이었고, 경제 정책은 여러 백만장자millionaire를 만드는 걸 목표로 했습니다. 하지만 지금은 극소수의 조만장자trillionaire를 만들어내는 쪽으로 목표가 바뀐 것 같습니다. 그렇게 되면 한 명의 승자가 꿈같은 생활을 누리고 어마어마한 권력을 휘두르는 반면, 나머지 99명은 그 풍요로움을 눈으로만 구경하면서 한 줌의 부스러기를 두고 쟁탈전을 벌이겠죠.

그럼에도 사람들은 자기 자식이 다음 세대의 스티브 잡스라고 맹신하는 것처럼 보여요. 일종의 '대박'을 꿈꾸는 기묘한 복권 경제에 빠져 있는 거죠. 저는 그들에게 이렇게 말합니다. "이보세요, 당신의 아이는 스티브 잡스가 되지 못한다고 생각하는 편이 훨씬 현실적인 전망입니다. 대신 우리는 1퍼센트가 엄청난 혜택을 독점하는 사회가 아니라, 나머지 99퍼센트가 일정 수준 이상의 생활을 영위할 수 있는 사회를 만들어야 합니다."

안타깝게도 우리 사회는 '아주 불편한 사회'가 되어가고 있습니다. 에이브러햄 링컨Abraham Lincoln이 말했듯, 이전의 미국은 보통 인간들을 사랑했습니다. 지금의 미국은 더 이상 그들을 사랑하지 않습니다. 현실에서 우리 대부분은 평범합니다. 그런데 이 사람들에게 상황이 너무 나쁘게 돌아가고 있어요. 승자 독식 경제에서 평범한 우리는 하잘것없는 존재로 전락해버릴 거예요.

예를 들어 원래 정부는 중소기업을 우대해 그들이 대기업으로 성장할 수 있는 환경을 만들어줘야 합니다. 하지만 지금 미국에서는 정반대 일이 일어나고 있어요. 정부 지원금이 신생 기업이 아니라 GAFA에게 흘러들어가고 있습니다. 마치 복권에 당첨된 사람에게 '축하합니다. 당첨금을 배로 드리지요' 하는 식입니다. 우리는 3억 5000만 명의 농노가 300만 명의 영주에게 종속된 사회를 향해 돌진하고 있습니다.

다다른 곳은
전쟁, 기아, 혁명

◇◇◇◇◇◇◇◇

'3억 5000만 명의 농노가 300만 명의 영주에게 종속된 사회'
의 끝에는 무엇이 우리를 기다리고 있을까요?

영국의 정치인이자 역사가인 액턴 경Lord Acton은 "권력은 부패한
다"는 유명한 말을 남겼습니다. 아무리 영웅으로 추앙받는 기업
가라도, 그가 대변하는 것은 민의가 아니라 소수 주주의 의견입
니다. 기업가는 선거로 선출된 리더가 아니에요. 따라서 GAFA는
자신의 왕좌를 지키기 위해 무슨 짓이든 할 겁니다.

이대로 가다간 그들이 정부를 집어삼키는 걸 그저 지켜만 봐야
할 수도 있습니다. 그렇게 되면 경제 정책과 사법 제도는 한 나라
의 미래나, 대중의 삶에 연연치 않고 거대 IT 공룡들의 이익을 위
해서 움직일 거예요. 몇몇 창업가와 주주가 그 어느 때보다 막대
한 부와 정보와 권력을 갖고 다수의 운명을 쥐고 흔드는 사이, 격
차는 더욱 빠르게 벌어질 테죠.

도를 넘은 소득의 불평등은 바람직하지 않습니다. 좋은 소식은,
역사를 보면 극단적인 소득의 불평등은 반드시 스스로 수정되었
다는 것입니다. 나쁜 소식은, 극도로 심한 소득의 불평등을 수정

해온 것은 전쟁, 기아, 혁명 중 하나였다는 사실입니다. 모두 피하고 싶은 일들이죠.

오늘날 세계 경제는 이 세 가지 메커니즘 중 하나가 작동할 수밖에 없는 상태로 가고 있습니다. 미국에서는 실제로 '느린 혁명'이 일어나고 있다고 생각해요. 극소수가 누리는 '멋진 삶'에서 배제된 수많은 사람들이 울분을 토해내기 시작했고, 그들의 외침은 결국 위험한 선동 정치가를 대통령으로 선출하기에 이르렀죠. 유럽의 상황도 이와 비슷합니다. 우리 미래가 아주 위험한 방향으로 흘러가지 않도록 지금부터 대책을 세워야 합니다.

그 외침이 당선시킨 도널드 트럼프 대통령을 교수님은 어떻게 평가하십니까?

동맹국은 미국이 무엇을 하려는지 이해할 수 없는 상태에 빠졌습니다. 가장 중요한 유럽과 일본 등과의 관계에 있어서, 일관성 없는 메시지로 인해 신뢰가 약해지고 말았죠. 미국은 고립주의를 표명하면서 다른 나라의 영향을 받지 않는 '닫힌 사회'를 지향하기로 결정했습니다. 그것이 어떤 문제를 일으킬 수 있는지 수많은 사람들이 '진실'을 말해도, 그 진실은 더 이상 의미를 갖지 못하고 있어요.

저는 이런 현실이 참으로 우려스럽습니다. 우리의 동맹 관계는 세계의 평화를 지켰고 세계의 소득을 증가시켰으며 세계의 기아를 줄여왔습니다. 미국과 유럽, 아시아가 함께 쟁취한, 훌륭한 성과입니다. 그러나 지금은 그 파트너십이 위기에 노출되어 있습니다.

기업의 채용료로
대학의 무상화를

◇◇◇◇◇◇◇◇◇

교수님이 GAFA에 원하는 것은 무엇입니까?

GAFA는 전 세계적으로 어마어마한 현금을 벌어들이고 있어요. 그렇다면 어느 정도는 사회적 책임감이란 걸 가져야 하지 않을까요? 사회에 긍정적인 효과를 주는 일은 여러 가지가 있습니다. 하지만 안타깝게도 GAFA의 머릿속에는 오로지 주주뿐입니다. 그들은 사회의 이익에 거의 관심이 없어 보여요.

가령 아마존이 제2 본사를 세우는 문제만 봐도 그래요. 아마존의 제2 본사는 워싱턴 근교와 뉴욕으로 정해졌습니다.* 그런데 워싱턴과 뉴욕은 어떤 곳인가요? 미국에 있는 450개 도시 중 다

스콧 갤러웨이

섯 도시가 경제 성장의 25퍼센트를 맡고 있는데, 그중 두 곳이 워싱턴과 뉴욕이에요. 오히려 디트로이트**였다면 어땠을까요? 활성화가 절실히 필요한 그 지역 일대에 아마존 본사가 들어선다면 말 그대로 '변혁'의 돌풍이 일어났을 겁니다.

하지만 아마존은 풍요로운 도시를 더 풍요롭게 만드는 걸 선택했습니다. 상위 1퍼센트에 속한 사람들과 나머지 99퍼센트의 사람들, 경제적으로 풍족한 도시들과 그 밖의 도시들 사이의 격차가 계속 벌어지는 것이죠. 이것은 승자가 모든 것을 독점하는 사회입니다.

제가 GAFA에게 제안하고 싶은 것 중 하나는 무료 대학교 설립입니다. 오늘날 미국의 기업 수익은 사상 최고인 동시에 학생의 부채 총액 또한 사상 최고를 기록하고 있습니다. 이 부채를 학생에서 기업으로 이동시켜야 해요. 예를 들어 학비를 무상으로 하

---

* 시애틀에 제1 본사를 둔 아마존은 2017년 제2 본사를 세우겠다고 발표했고, 유치를 희망한 230여 개 도시 중 뉴욕 롱아일랜드시티와 워싱턴 D. C. 인근 내셔널랜딩 지역을 선정했다. 하지만 뉴욕 롱아일랜드 본사 설립은 정치인들의 반대로 취소되었다. 대신 아마존은 최근 뉴욕 맨해튼에 사무실 임대 계약을 체결했다.
** 포드 자동차 창립자인 헨리 포드(Henry Ford)가 1903년 자동차 공장을 설립하면서 미국 자동차 산업이 태동한 곳이다. 이후 포드, GM, 크라이슬러 등 미국 자동차 회사들이 자리를 잡아 '모터 시티(Motor City)'로 불리며 성장했다. 그러나 1980년대 일본 자동차 산업과의 경쟁에서 뒤처지고 1990년대 정보 통신 산업에 밀리면서 쇠락의 길을 걷다가 2013년~2014년에 파산 상태에 이르렀다.

고, 그 대신에 졸업생을 채용한 기업으로부터 '채용료'를 징수하는 겁니다. 대학교의 수익 모델을 돈 없는 학생 대신 돈 많은 기업을 중심으로 재설계하는 것이죠. GAFA는 이런 파괴와 혁신을 이뤄낼 재원도, 능력도 충분합니다.

GAFA에 맞설
지도자를 선택해야 한다

◇◇◇◇◇◇◇◇◇

마지막 질문입니다. GAFA는 미국뿐 아니라 다른 나라에도 큰 영향을 미치고 있습니다. 이러한 상황에 각국은 어떻게 대처해야 할까요?

적어도 미국은 거대 IT 기업의 혜택을 누리고 있습니다. 고용 파괴나 납세 회피, 반경쟁적 행위, 소셜 미디어의 정치적 이용과 가짜 뉴스 등 부정적인 측면이 있긴 하지만, 그들 기업에겐 긍정적인 면도 있거든요. 예를 들어 거대 IT 기업이 만들어내는 고급 일자리는 세계에서 가장 똑똑하고 유능한 사람들이 미국으로 이주하게 되는 이유입니다. 덕분에 미국이라는 나라의 경쟁력은 한층 올라가게 됩니다. 미국 기업이 세계 시장의 선두 자리를 차지하고 있다는 자부심 역시 무시 못 하죠.

하지만 미국 밖에 있는 나라들은 이런 혜택을 전혀 누리지 못합니다. 예를 들어 일본의 대학이나 병원 중 구글이나 페이스북의 이름으로 지어진 시설은 거의 없다고 알고 있는데요. 거대 IT 기업들이 일본에서 막대한 돈을 벌어들이는 만큼, 일본 정치인은 이들이 자국에게 이익이 되는지를 면밀히 따져볼 필요가 있습니다. 그리고 시민들은 '거대 IT 기업이 일본에게 이익이 되는 정책'을 추진할 국회의원을 선출해야 합니다.

최근 중국의 행보는 흥미롭습니다. 중국은 거대 IT 기업을 자국에 유치해 지식과 기술을 훔친 후 유사한 회사를 설립하고 있습니다. 독자적인 검색 엔진과 독자적인 소셜 미디어 회사를 만들어서 국내에서 생기는 이익을 확보하는 방법인데요. 이 수법은 유럽에서 비판을 받았지만 저는 가까운 미래에 유럽도 중국과 같은 수법으로 데이터 유출을 방어하려 들 거라고 예상합니다.

참고로 영국은 거대 IT 기업의 총수익(매출액)에 과세하는 일명 '디지털세Digital Tax'를 실시하기로 결정했습니다. 구글은 영국에서 매년 70억 파운드를 벌어들였다고 추정되었으나, 그 대부분을 아일랜드에 있는 구글 유럽 본사로 귀속시켜서 법인세를 회피했다는 비판을 받았습니다. 법인세는 물리적 고정 사업장이 있어야 과세가 가능하다는 점을 이용한 거죠. 이 때문에 영국은 자국 내에서 실제 발생하는 총수익에 과세한다는 결정에 이르렀습니다.
다른 나라들도 유사한 대책을 세워야 합니다.

스콧 갤러웨이

3장

◇◇◇◇◇◇◇◇◇

암호화폐는 어떻게
잠들어 있는 부를 깨우는가

찰스 호스킨슨
Charles Hoskinson

암호화폐를 개발하는 수학자
인풋아웃풋홍콩 CEO
비트코인의 뒤를 잇는 이더리움과 카르다노 개발에 참여했다

◇◇◇◇◇◇◇◇◇◇

　찰스 호스킨슨은 26세라는 젊은 나이에 비트코인의 뒤를 잇는 2세대 암호화폐 이더리움Ethereum을 만든 '천재' 수학자다. 현재는 홍콩을 거점으로 하는 블록체인 개발사 인풋아웃풋홍콩Input Output Hong Kong, IOHK의 대표를 맡고 있으며, 플랫폼 카르다노CARDANO와 그 기축 통화인 에이다 코인ADA coin 등을 개발해 주목받고 있다. 그는 암호화폐가 전 세계를 하나의 시장으로 묶어줌으로써 지금까지 볼 수 없었던 가장 완전한 형태의 자본주의를 실현해줄 거라고 전망한다. 새로운 과학기술이 격차를 확대할 것인지 평등을 가져올 것인지 호스킨슨의 인터뷰에서 답을 구했다.

찰스 호스킨슨

❖ ❖ ❖

누구나 같은 시장에
접근할 수 있다

◇◇◇◇◇◇◇◇◇

비트코인Bitcoin*이란 무엇이며, 세계에 어떤 영향을 끼쳤는지
간단하게 설명 부탁드립니다.

비트코인은 완전히 새로운 통화입니다. 그것은 전 세계 사람들
에게 발상의 전환을 일으켰습니다. 무엇보다 돈이나 비즈니스가

---

* 블록체인 기술로 운영되는 디지털 형태의 1세대 암호화폐로, 물리적 형태의 기존 화폐를 대
신해 재화와 서비스를 교환하기 위한 지불 수단으로서 개발되었다.

존재하는 방식에 대해 근본적으로 다시 생각하게 만들었어요. 달러, 엔, 유로, 파운드 등으로 나뉘어 있었던 각국의 금융 시장을 하나로 묶어 70억 인구가 동등한 조건 아래 경제 활동을 할 수 있게 만드는 방법도 논의되고 있습니다.

비트코인은 한 사람*에서 시작되어 불과 10여 년 사이에 2400만 명의 사용자를 얻었습니다. 저는 최근 몽골에 다녀왔는데요. 인구는 300만 명 남짓하고 국민의 30퍼센트는 유목민인 나라에, 블록체인 계산을 하는 사람이 5000명이나 되는 조직이 있다고 해서 많이 놀랐어요.

일본에서는 비트코인 매매를 카지노나 도박과 비슷하게 보는 풍조가 있습니다.

사람들은 지금까지 없었던 새로운 무언가를 처음 접할 때, 혼란스러워합니다. 특히 1년 만에 그 가치가 200달러에서 2만 달러로 뛰어올랐다가 다시 6000달러로 내려가는 등락 현상이 일어났다면, 당연히 사람들은 비트코인을 둘러싼 비정상적인 투기 열풍에 주목하겠지요. '비트코인은 주식이나 부동산 같은 투자 대

---

* '사토시 나카모토(中本哲史)'라는 가명의 프로그래머가 2008년 인터넷에 「비트코인: P2P 전자 화폐 시스템(Bitcoin: A Peer-to-Peer Electronic Cash System)」을 발표했다.

찰스 호스킨슨

상이고, 이 시장은 반드시 승자와 패자를 만들어낸다'고 오해하면서요.

하지만 비트코인, 즉 암호화폐의 진짜 대단한 점은 다양한 능력, 아이디어, 지식, 스킬을 지닌 사람들이 시장에서 평등하게 경쟁할 수 있는 수단이 된다는 데 있습니다. 가령 당신이 밭 또는 특허 또는 가게 같은 걸 갖고 있다 칩시다. 당신은 자신의 비즈니스를 어떤 형태로든 성장시키고 싶어 합니다. 그러려면 당연히 자본금이 필요하겠죠. 만약 은행이나 일반 투자자로부터 자금을 조달하려면, 당신은 복잡한 절차를 거쳐야 할 것입니다. 하지만 자금을 암호화폐로 조달한다면, 일은 매우 단순해집니다. 당신은 밭이나 특허나 가게 등 자신이 가진 것을 토큰token 3으로 전환해 글로벌 시장에 들고 나가기만 하면 됩니다. 그러면 비즈니스의 성장 잠재력을 인정한 사람들이 그 토큰을 구입할 것이고, 당신은 비교적 손쉽게 투자금을 확보할 수 있습니다.

현재 전 세계에는 통장 계좌나 신용카드가 없어서 시장에 진출하지 못하는 사람이 30억 명이나 된다고 합니다. 하지만 암호화폐는 이들 모두가 같은 경기장 위에 설 수 있게 도와줍니다. 인류 역사상 처음으로, 누구나 빌 게이츠Bill Gates(마이크로소프트 공동창

---

3 암호화폐의 일종으로 클라우드 펀딩을 위해 개인이나 법인이 발행하는 독자적인 코인

업자)나 제프 베조스가 될 수 있는 문이 열린 거죠.

모나리자의 가격을
알 수 있다

◇◇◇◇◇◇◇◇

현재 암호화폐와 토큰은 1000종 넘게 나와 있습니다. 이런 모습을 보고 '거품'을 우려하는 목소리도 커지고 있는데요. 암호화폐 시장이 과도기를 거쳐 안정 단계에 들어서면 그 수도 줄어들까요?

암호화폐가 뛰어난 이유는 적자생존이라는 '다윈의 법칙'을 따르기 때문입니다. 가장 강한 것, 가장 뛰어난 것, 가장 경쟁력 있는 것만 살아남는다는 이야기입니다. 비트코인 같은 선행 암호화폐를 단순히 흉내 내기만 한 후발 주자는 시장에서 살아남지 못할 확률이 큽니다.

하지만 그 수는 수천, 나중에는 수만, 나아가서는 수십만 종류로 늘어날 것입니다. 예를 들어 암호화폐 시장에서 토큰은 무언가의 가치를 표현하는 수단입니다. 그 대상은 약속이 되기도 하고 사람이 되기도 하며, 자산이나 토지 혹은 형태가 없는 독특한

찰스 호스킨슨

아이디어나 콘셉트가 되기도 합니다.

예를 들어 다빈치의 〈모나리자〉는 얼마일까요? 〈밀로의 비너스〉 조각상은요? 들라크루아의 〈민중을 이끄는 자유의 여신〉은요? 예술품의 가치를 돈으로 환산할 수 있을까요? 할 수 있다면 얼마가 적정할까요?

당신이 루브르 박물관의 학예원이고 이 작품들에 대한 보험을 알아보고 있다면, 도대체 감정액은 얼마여야 하고 보험료는 또 얼마여야 합니까? 세상에서 가장 어려운 이 문제는 암호화폐로 간단하게 풀 수 있습니다. 작품들의 보험 증권을 토큰화하면 됩니다. 그렇게 작품의 가치를 평가하고 또 예측할 수 있는 시장이 생겨납니다.

고층 빌딩도 마찬가지입니다. 대도시의 고층 빌딩 숲을 바라보며 '저 빌딩은 대체 얼마나 할까?' 하고 생각해보신 적 있나요? 보통은 가늠하는 것조차 힘들죠. 그러나 이것을 토큰화하면 시장이 그 가치를 말해줍니다.

최종적으로는 수만 종류의 토큰이 나올 것입니다. 물론 그중 시장에서 가치를 인정받지 못하는 토큰은 곧장 사라질 것입니다. 가치를 인정받은 토큰은 계속 살아남을 테고요. 이 훌륭한 혁신과 유동성은 앞으로도 계속되리라 믿습니다.

국가의 개입 없이
공정하게 경쟁할 수 있다

◇◇◇◇◇◇◇◇◇

일찍이 프리드리히 하이에크Friedrich Hayek**4**는 정부의 독점적 화폐 발행이 인플레이션inflation이나 경기 변동 등의 문제를 일으킨다고 지적하며, 화폐 공급은 민간 영역에서 자유롭게 결정되어야 한다고 주장했습니다. 이런 맥락에서 비트코인을 '하이에크 화폐Hayek Money'라고 부르기도 하는데요. 만약 그가 살아 돌아온다면 지금의 암호화폐를 보고 뭐라고 말할까요?

저는 하이에크를 존경합니다. 그리고 제 생각에 그는 기뻐하며 많은 논문을 써주었을 것입니다. 물론 비판적인 논문도 포함해서 말이죠.

지금 우리는 정부가 발행하는 통화 하나만 유통되는 세상에 익숙해져 있지만, 19세기 후반 미국에는 민간 은행들이 '은행권'의 형태로 발행하는 민간 통화가 수백 가지나 있었습니다. 하지만 관리 주체는 없고 은행은 무분별하게 화폐를 발행하다 보니 하루

---

4 오스트리아 출생의 경제학자이자 철학자. 1974년 노벨 경제학상을 수상했다. 경제의 정상화를 위해 중앙은행이 발행하는 통화를 폐기하고 경쟁 원리를 바탕으로 민간에 의한 통화 발행을 요구하며 관리통화제도 철폐론을 주장했다.

찰스 호스킨슨

아침에 돈이 휴지조각이 되는 일이 비일비재했어요. 불안한 사람들이 은행으로 달려가 예금을 인출하는 '뱅크런Bank run' 사태가 주기적으로 반복되었죠. 특히 1907년에 터진 뱅크런으로 인해 많은 은행들이 줄줄이 도산했고, 뉴욕 증권거래소의 주가는 전년도 최고치의 50퍼센트까지 폭락하면서, 실물 경제가 혼란에 빠졌습니다.

결국 1913년에 연방준비제도(미국의 중앙은행 제도)가 출범했고, 화폐는 연방준비지폐로 통일되었습니다. 하지만 그렇다고 모든 문제가 해결된 것은 아니었습니다. 1929년 미국발 디플레이션deflation을 시작으로 세계 대공황이 일어난 것입니다. 이후에도 위기는 여러 번 찾아왔습니다. 그때마다 새로운 경제 사상과 학파가 등장해 '앞으로는 달라져야 한다'며 변화와 혁신을 주장했죠. 각국 정부와 중앙은행은 때때로 서로 협력하면서 금융 및 재정 정책을 펼쳐왔습니다. 이러한 톱다운Top-down 방식이 정점에 달한 2008년에 세계 금융 위기가 발생했습니다.

비트코인은 2009년에 등장했습니다. 우리는 또 다른 통화 정책이나 금융 정책을 실험해볼 수 있는, 새로운 무대를 갖게 된 것일지도 모릅니다. 국가 경제를 파괴하지 않으면서 중앙은행에 기대지 않는 새로운 경제 질서와 경제적 삶을 연구할 수 있다면, 많은 사람들이 기꺼이 암호화폐의 사용자가 될 것입니다.

또 지금은 재화나 서비스의 가치를 일본에서는 엔, 미국에서는 달러, 유럽에서는 유로로 평가하지만, 앞으로는 자산 가치로 평가할 겁니다. 사람들은 통화, 금, 은, 상품, 토지, 노동력, 지적 재산권, 항공사의 마일리지 등 가치를 지닌 것이면 뭐든 월렛Wallet(암호화폐 지갑)에 넣어 다니면서 스타벅스, 애플스토어, 맥도날드에서 토큰을 이용해 원하는 방식으로 결제할 것입니다. 이것은 국가의 개입 없이도 가치가 교환되고 평가되며, 누구나 자유롭게 경쟁할 수 있는 '꿈의 시대'입니다. 그리고 하이에크가 원한 세계, 그 자체입니다.

잠들어 있는
부를 깨우다

◇◇◇◇◇◇◇◇◇

선생님은 한 인터뷰에서 암호화폐가 경제적 평등을 가져올 거라고 말했습니다.

빈곤의 원인은 여러 가지가 있습니다. 게으름, 지식의 부족, 선천적 장애 같은 개인적인 원인도 있을 수 있고요. 분쟁이나 부패 같은 사회 구조적 원인도 있을 수 있습니다.

찰스 호스킨슨

하지만 무엇보다도 저는 세계 수준의 경쟁력과 총명함을 지녔거나 풍부한 천연자원을 가졌지만 시장에 진입할 수 없어 빈곤에 신음하는 사람이 수억 명이나 있음을 강조하고 싶습니다. 그들의 머릿속에는 탁월한 아이디어가 있지만 수익으로 연결할 방법이 없는 거죠. 희귀한 천연자원이 땅에 묻혀 있어도 파내서 시장에 내놓을 수 없다면 무슨 소용이 있을까요? 이런 식으로 시장 밖에 잠들어 있는 가치가 수조 달러에 이릅니다. 이 사실은 비단 제가 처음으로 깨달은 게 아니에요.

암호화폐가 태만이나 장애 등의 개인적인 이유까지 해결해주지는 못해요. 하지만 다양한 이유로 인해 시장에 진입하지 못한 사람들에게는 가난에서 벗어날 출구를 제공합니다. 이 디지털 시스템에는 부패한 정부나 혼란스러운 주변 정세 같은 방해물이 존재하지 않습니다. 누구나 자신의 사업 모델이나 아이디어를 토큰화해 필요한 자본을 모을 수 있어요. 이것은 동정에 따른 기부도 아니고 정책적 판단에 의한 지원도 아닙니다. 이것은 엄연히 수익성을 보고 이뤄지는 투자입니다. 냉혹한 자본주의 원칙 속에 경쟁은 치열하게 전개될 테지만, 적어도 이 세계에선 누구에게나 기회가 평등하게 주어진다는 점이 중요합니다.

필수 중개자가 된
GAFA

◇◇◇◇◇◇◇◇◇

GAFA가 세계 경제에 미치는 영향력이 날이 갈수록 커지고 있습니다. 선생님은 이 기업들에 대해 어떻게 생각하십니까?

구글, 페이스북, 아마존, 애플 등 거대 IT 기업들은 2000년대 초 '닷컴 버블Dot-come bubble'**5**을 배경으로 성장한 새로운 유형의 기업입니다. 구글과 페이스북은 상품을 만들어 파는 대신 서비스를 무상으로 제공해왔습니다. 그들은 생산자가 아니라 소비자와 공급자를 잇는 플랫폼을 운영합니다. 덕분에 우리는 국경 너머 같은 취미와 생각을 공유하는 사람들과 대화하며 즐거운 시간을 보냅니다. 또 필요한 정보를 클릭 몇 번으로 손쉽게 찾을 수 있습니다. 전 세계 사람들을 대상으로 물건도 팔 수 있죠.

하지만 GAFA가 지나치게 커지면서 부작용도 속출하고 있습니다. GAFA는 각 분야에서 시장을 거의 독점하고 있습니다. 정보 검색이나 인터넷 쇼핑, 소셜 미디어 등의 서비스를 누리려면, 반드시 그들을 거쳐야 합니다. 이제 GAFA는 그냥 중개자가 아니라

---

5 1990년대 말부터 2000년대 초반에 걸쳐 주요 선진국에서 일어난 인터넷 관련 기업의 실수요 투자와 주식 투자의 비정상적인 상승

찰스 호스킨슨

'필수 중개자'가 되었습니다.

이것은 여행을 가는데 꼭 투어 가이드와 동행해야만 가고 싶은 관광지에 갈 수 있는 상황과 비슷합니다. 거래 참여자 모두에게 이익을 주는 것이 중개자의 존재 의의인데, 독점은 중개자를 부패하게 만들고 그로 인한 폐해는 소비자 및 공급자가 고스란히 떠안게 됩니다.

또 하나의 문제는 GAFA 등이 제공하는 '무료' 서비스를 이용하는 동안 우리가 많은 것을 빼앗기고 있다는 사실입니다. 나이, 성별, 거주지, 학력, 직업, 경력부터 취미, 친구, 구매 이력 등 온갖 개인 정보가 GAFA의 데이터베이스로 흘러갑니다. GAFA는 그 정보를 팔거나 그것을 이용해 막대한 광고 수익을 냅니다. 어느새 우리는 그들의 서비스를 이용하는 고객이 아니라 그들의 '상품'이 되었습니다. GAFA는 우리의 영혼을 매일 팔아넘기고 있어요.

더 큰 문제는 이들이 중앙 집권화되고 있다는 점이에요. 필수 중개자가 된 거대 기업은 사용자로부터 수집한 빅데이터를 가지고 우리의 사고나 행동, 비즈니스, 고용 등에 영향력을 행사하고 있습니다. 다시 말해 그들은 인간을 지배할 수 있게 되었어요.

GAFA를 약화시킬
블록체인 기술

◇◇◇◇◇◇◇◇

다행히도 최근 사람들이 이런 불합리한 구조를 깨닫기 시작했습니다. 자기 생각보다 많은 것을 포기했음을 알게 된 거죠.

이전에는 소비자 대부분이 자신의 개인 정보나 사생활 보호에 별 관심이 없었습니다. 그러나 방대한 사용자 정보를 몇몇 기업이 독점하는 실태가 세계적으로 문제시되자, 자기 정보가 저도 모르는 곳에서 이용되는 것이 바람직하지 않다는 인식이 널리 퍼졌습니다.

구매 이력이나 소셜 미디어상의 인간관계 같은 개인 정보를 누구에게 어디까지 양도하거나 이용하게 할 것인가 하는 문제는 개인이 결정해야 합니다. 이러한 권리의 확보 문제는 이미 세계 곳곳에서 광범위하게 논의가 진행되고 있어요.

그런데 누구나 영혼을 잃는 것은 원하지 않아도 풍요로운 삶은 누리고 싶어 합니다. 그렇다면 GAFA가 선사한 이점들은 그대로 누리면서 단일 중개자가 독점하는 상황은 일어나지 않게 시장을 다시 설계할 수는 없을까요? 블록체인 기술이 이 문제를 해결해줄지도 모릅니다.

찰스 호스킨슨

블록체인 기술이 GAFA의 독점력을 약화시킬 수 있다는 건
가요?

독점 문제는 GAFA에만 국한되지 않아요. 우버Uber나 에어비앤
비Airbnb 등의 신흥 IT 기업도 문제입니다. 우버는 세계 최대의 교
통 회사이지만 차를 한 대도 보유하고 있지 않아요. 하지만 차를
가진 사람이 자신의 수송 능력을 다른 사람에게 팔 수 있게 연결
해주는 서비스를 제공함으로써 수수료를 챙깁니다. 에어비앤비
도 마찬가지로 집 한 채 소유하지 않고도 수요자와 공급자를 연
결해주는 대가로 돈을 벌고 있습니다. 이들은 새로운 비즈니스에
서 시장을 독점하고 중개료로 수익을 얻지만 노동법의 규제는 빠
져나갑니다.

그럼 어떻게 우버와 에어비앤비를 없앨 수 있을까요? 이런 중
개자는 블록체인을 이용한 '스마트 콘트랙트smart contract'*로 간단
하게 없앨 수 있어요. 스마트 콘트랙트란 '프로그래밍된 조건이
모두 충족되면 계약 내용이 자동 이행되는 시스템'으로, 제3자 없

---

* 네트워크 참여자 컴퓨터에 계약 내용과 이행 및 정산 과정이 기록되고 보관되기 때문에 온라
인에서 사람들이 서로를 믿고 자유롭게 거래할 수 있다. 거래가 성사되면 인터넷으로 연결된 집
의 잠금 장치가 풀리거나 자동차 시동이 알아서 켜지고, 이용 즉시 실시간으로 대금 결제가 이뤄
지기 때문에 굳이 중개자의 플랫폼을 거치지 않아도 된다.

이 개인 간 직접 거래를 가능하게 해줍니다. 그렇게 되면 시장을 독점하고 운전기사를 착취하는 중앙 집권화된 기업은 소멸하고 말 거예요.

아무리 잘 나가는 사업이어도 새로운 기술의 등장을 간과해서는 안 됩니다. 신문업계가 좋은 사례입니다. 신문은 오랫동안 미디어 시장에서 큰 지배력을 가지고 있었습니다. 하지만 1990년대 출현한 인터넷이, 신문사들이 따라온 전통적인 수익 및 유통 모델과 정면으로 충돌했지요. 처음에 신문업계는 인터넷을 대수롭게 생각하지 않았습니다. 매달, 매년 구독률이 떨어지고 나서야 자신들이 낡은 방식을 고수하고 있었다는 걸 깨달았죠. 광고 수익과 구독 수익이 줄어든 신문사들은 현재 심각한 경영 위기를 겪고 있습니다.

저는 '블록체인 기술이 반드시 GAFA를 무너뜨릴 것이다'라고는 생각하지 않습니다. GAFA는 영리하며 적응력이 탁월합니다. 하지만 블록체인 기술의 등장으로 인해 이들 기업은 자신들과 고객과의 관련성을 재고하지 않을 수 없을 겁니다.

찰스 호스킨슨

사용자에게 잊힐 권리를
되돌려주다

◇◇◇◇◇◇◇◇◇

21세기 산업 지형에 지각 변동이 일어나고 있습니다. 자동차 업계에서는 수소 자동차나 전기 자동차가 세력 구도를 다시 그리고 있고, 에너지 업계에서는 풍력 발전이나 태양광 발전이 기존의 화력 발전이나 원자력 발전을 대체하고 있지요.

처음에는 GAFA 등의 IT 기업들도 그런 혁신 기업으로 등장했습니다. 그들의 사업 모델은 고객의 행동과 취향, 소비 활동 등을 포함하는 빅데이터를 사용해서 수익을 창출하는 걸 전제로 합니다.

하지만 이제 개인 정보와 사생활 보호에 관한 권리 의식이 높아지면서 '프라이버시'가 새로운 사업 모델로 부상할 것입니다. 이 지점에서 최근 주목할 만한 게 하나 있습니다. 바로 '브레이브 Brave'라는 웹브라우저인데요. 프로그램 언어인 자바스크립트Java Script의 아버지 브렌던 아이크Brendan Eich가 개발했습니다.

브레이브는 보안과 프라이버시에 특화되어 있습니다. 그것은 사이트 접속 정보나 구매 이력, 검색 이력을 서버에 저장하지 않으며 광고 추적기를 차단해 사용자의 익명성을 보장합니다. 광고를 허용함으로써 자신의 데이터를 제공하는 이용자에게는 보상으로 토큰을 줍니다. 이용자의 관심이 갖는 가치를 인정하고, 웹 브라우저의 광고 수익을 나누는 것이죠. 브레이브는 최근 등장했지만 엄청난 속도로 성장해 이미 수백만 명이나 이용하는 웹브라우저가 되었습니다. 조만간 구글의 크롬Chrome이나 모질라Mozilla의 파이어폭스Firefox 같은 선발 주자들을 앞지를 것으로 보입니다.

　이 새로운 기술이 5년 후, 10년 후에 가져올 변화에 기업들은 주목해야 합니다. 예를 들어 브레이브가 성공적으로 안착한다면 다른 웹브라우저 회사들은 브레이브가 가진 능력과 제공하는 서비스를 받아들일 필요가 있습니다. GAFA도 살아남기 위해 자신들이 제공해온 서비스의 바람직한 면은 그대로 두면서도 사용자가 포기할 것을 적게 만드는 방법 아니면 일시적으로 포기하더라도 탈퇴 시에는 사용자 권리를 되돌려주는 방법을 고안해내야 할 겁니다.

　계정을 삭제함과 동시에 프로필을 비롯해 나의 모든 디지털 흔적이 삭제되는 세계, 즉 '잊힐 권리가 있는 세계'를 요구하는 사람들이 많아지고 있습니다. 그리고 블록체인 기술은 고객이 더 많은 권한을 갖는 새로운 세계를 만들어낼 잠재력을 갖고 있습니다.

찰스 호스킨슨

자본주의는 진화 중

◇◇◇◇◇◇◇◇◇

자본주의에 대한 선생님의 생각을 듣고 싶습니다.

인간은 더 풍요로운 삶을 추구합니다. 그리고 시장과 자본주의는 더 좋은 교통수단, 더 깨끗한 공기, 더 나은 교육, 더 많은 병원이 있는 사회를 만들어내는 도구로서 인류에게 기여해왔습니다.

물론 자본주의가 유일한 도구는 아니며, 현재의 지위는 최근에 획득한 것입니다. 20세기에는 '사회주의 대 자본주의' 실험이 있었습니다. 소련과 미국이 각 이념의 수장을 맡아 '강 대 강'으로 맞붙었죠. 둘 간의 팽팽한 기 싸움은 전 세계를 냉전Cold War으로 몰아넣었습니다.

사회주의는 자본주의와 전혀 다른 방법으로 인간을 행복하게 할 수 있다고 주장했습니다. 이 대결에서 승리하면 마침내 진정한 평화가 도래할 것이고, 생활은 더욱 풍족해질 것이며, 교육과 의료는 무상으로 누릴 수 있고, 누구나 마음 놓고 살 수 있는 안전한 사회가 실현될 거라고 인민에게 약속했죠.

그러나 사회주의 실험은 실패로 끝나고 말았습니다. 자본주의 진영에 비해 생산성은 떨어졌고, 사람들은 현저하게 가난해졌습니다. 대규모의 빈곤층이 발생했죠. 결국 소련은 붕괴했습니다.

그렇다고 자본주의가 완벽해서 승리했다는 이야기는 아닙니다. 자본주의는 당장 눈앞에 있는 것에 마음을 뺏기는 사람들을 제어하지 못합니다. 소비는 최고의 미덕으로 간주되며 시장 이외의 영역은 종종 무시됩니다. 기업 윤리를 내팽개친 기업들이 노동자들을 착취하거나 환경을 무분별하게 파괴하기도 하죠. 정부와 의회는 쉽게 부패해 제도 개혁과 구조 혁신을 믿음직스럽게 추진하지 못하고, 사회 내에는 온갖 부정과 조작이 횡행하는 가운데 연고주의가 뿌리 깊게 자리 잡고 말았습니다.

다행히 21세기에 들어선 지금의 자본주의는 사회주의와 대결하던 20세기 전반의 자본주의보다 훨씬 뛰어납니다. 그동안 지식이나 경험이 많이 축적되었거든요. 우리 손안에는 획기적인 기술도 있습니다. 따라서 자본주의의 어떤 면이 훌륭하며 무엇을 남겨야 하는지, 어디에 결함이 있고 무엇을 버려야 하는지, 어느 지점을 개선해야 하는지에 대해 종전과 달리 의미 있는 토론을 할 수 있습니다.

찰스 호스킨슨

자본주의를
더 완벽하게 만든다

◇◇◇◇◇◇◇◇◇

블록체인은 자본주의에서 어떤 역할을 합니까?

블록체인 기술은 이른바 '궁극의 거울'과 같습니다. 표면의 모습을 비출 뿐만 아니라 본질을 비추는 거죠. 있는 그대로의 모습을 비추므로 화장하고 한껏 꾸며 입어도 소용없습니다. 블록체인 네트워크 안에서 역사는 있는 그대로 기록되며, 되돌리기나 구제 조치는 불가능합니다.

물론 블록체인 기술은 더욱 풍요로운 세계를 실현하고 더욱 완벽한 자본주의 시스템을 구현해줄 여러 도구 중 하나에 불과합니다. 그 밖에 사물 인터넷Internet of Things, IoT6이나 인공지능처럼 우리를 밝은 미래로 이끌어주는 도구는 많습니다. 하지만 시시각각으로 사실을 기록하는, 수정 불가능한 거대한 공개 장부인 블록체인은 평등한 시장을 형성하는 데 꼭 필요한 기술입니다. 실로 그것은 인류의 도구 상자에서 매우 중요한 위치를 차지해요.

특히 권력을 가진 사람들은 자신의 공적을 부풀리고 사적인 이

---

6 다양한 사물을 인터넷에 접속시켜 정보를 교환함으로써 생활을 더욱 편리하고 효율적으로 만들어주는 시스템

익을 얻기 위해 기록을 고치거나 조작하려 합니다. 그들은 사실의 유포를 꺼리고 진실을 은폐하며 실패나 잘못을 결코 인정하지 않습니다.

이런 정치인의 속성을 생각해보면 권력과 블록체인 기술은 상극임을 알 수 있습니다. 블록체인 네트워크 안에선 정치적으로 바람직하든 아니든 간에 사실을 조작하거나 수정하는 일은 있을 수 없습니다. 정부의 실패와 잘못은 모두 기록되며 동시에 전 세계에 공표됩니다.

따라서 저는 미래가 아주 밝다고 전망합니다. 블록체인 생태계에서 의미 있는 수많은 실험들이 이뤄질 수 있습니다. 블록체인 기술은 금융, 무역 등에 존재했던 진입 장벽을 무너뜨리므로, 진정한 글로벌 경쟁이 시작될 것입니다. 예를 들어 요즘에는 GDP보다 HDIHuman Development Index(인간개발지수)[7]에 관심이 큰데요. 블록체인 네트워크를 통해 각국의 의료비, 교육비, 물가 정보 등을 비교할 수 있으면, 조건이 좋은 나라에는 사람들이 몰릴 것이고 조건이 열악한 나라는 그만큼 인구가 줄어드니 상황을 개선하지 않으면 지구상에서 사라질 것입니다.

7 나라의 부를 소득 수준뿐만 아니라 건강(평균 수명), 교육 수준, 소득의 세 요소로 종합적으로 판단하는 지표

찰스 호스킨슨

정부의 개입 없이
최적의 규제를 실현한다

◇◇◇◇◇◇◇◇◇

2008년 금융 위기와 같은 사태를 피하기 위해서는 정부가 시장을 더 철저하게 감시하고 규제해야 한다는 주장이 있습니다.

언론의 경우를 생각해봅시다. 혐오 발언 같은 문제 때문에 규제의 필요성을 받아들이는 순간부터 우리는 토끼굴rabbit-hole*에 빠지게 됩니다. 그때의 상황이나 분위기는 어땠는지, 그 발언이 무엇을 의도했는지, 농담이었는지 진심이었는지, 사람들이 농담에 과잉 반응한 것은 아닌지 등의 논의가 정치화됩니다. 이런 식으로 자유로운 의사 전달과 표현에 정치 권력이 개입할 여지가 차츰차츰 늘어날 테고요. 중국에는 권력자가 공익을 보호한다는 명목으로 사람들이 생각하는 바나 말하는 내용, 표현 방식을 제어하려 들 것입니다. 애초에 현 정부나 지도자를 비판할 수 없게끔 사람들 마음을 조작하는 일도 가능합니다.

시장도 똑같습니다. 시장은 경제적 자유의 표상입니다. 그리고 경제 활동이란 사람들이 타인과 관계를 맺고 조화를 이루려는 의

---

* 『이상한 나라의 앨리스』에서 앨리스가 좁은 토끼굴에 빠져 끝없이 추락하는 것처럼 상황이 점점 더 안 좋아짐을 뜻한다.

지의 표출입니다. 시장은 어떠한 집에 살지, 무엇을 먹을지에 대해 여러 안을 제시합니다. 그리고 선택은 소비자의 몫으로 남습니다. 시장은 자기 효용을 극대화하려는 개개인의 자유로운 경제 활동을 장려하고 그 속에서 사회 전체의 부를 증가시킵니다.

하지만 시장에 규제가 가해지면 선택의 폭이 좁아집니다. 훗날 러시아의 초대 대통령이 된 보리스 옐친Boris Yeltsin이 소련 시절 미국 슈퍼마켓에 상품이 넘쳐날 정도로 복잡하게 진열된 모습을 보고 소련의 붕괴를 예감했다는 이야기가 있습니다. 그에 비해 소련의 슈퍼마켓은 아주 질서정연하고 아름다웠지만 그 이유는 물건의 종류가 적었기 때문이었죠. 옐친은 수많은 선택과 기회를 제공하는 시장 경제를 국가 주도의 계획 경제가 이길 수 없다고 판단했습니다. 결국 그는 대통령이 되고 나서 소연방 해체를 주도하고 시장 경제와 자본주의를 도입하는 등 급진적인 개혁 정책을 펼쳤습니다.

정부의 시장 규제는 혁신을 저해하고 기업가 정신을 움츠러들게 합니다. 정부는 전지전능할 수 없기에 개입은 불완전하고 부분적일 수밖에 없습니다. 그 결과 군산 복합체가 전쟁을 일으키거나 부실 채권 정리 및 은행 통합이 사회적 불안을 야기하는 등 예기치 못한 위기가 발생하기도 해요. 이로 인한 결과는 크고 지속적이라서 미래 세대가 그 부채를 짊어지게 됩니다. 이 모든 것이 정부의 개입과 규제가 초래하는 악영향입니다.

물론 시장에 대한 어떤 종류의 규제든 모두 배제해야 하는 건 아닙니다. 그러려면 우리 세계가 완벽한 세계여야 하는데 안타깝게도 현실은 그렇지 않거든요. 다만 국가가 관리자이자 규제자인 상황이 바람직하지 않을 수 있음을 알아야 합니다. 전 지구적인 관점에서 봐도 그렇습니다. 예를 들어 우리는 다 같이 지구를 지키기 위해 노력해야 하지만, 나라별로 환경 보호 정책과 오염 예방 규제에는 차이가 있습니다. 세계 시장의 통합과 자유화를 주장하는 나라들은 대개 다른 나라들보다 기술적, 정치적으로 우위에 서 있는 경우가 많고요. 그래서 정의, 공평, 신뢰를 기반으로 국제 질서와 규칙을 마련해야 한다는 목소리가 높아지는 겁니다.

그 일을 누가 할 수 있으며 누가 해야 할까요? 블록체인 기술과 암호화폐는 세계 정부를 만들지 않아도 최적의 규제를 실현할 가능성을 보여줍니다. 자기네한테 유리한 규칙을 밀어붙이는 미국이나 중국 같은 초강대국에게 휘둘리지 않고 말입니다.

기술 하나가 뭐 그리 대단한 힘을 갖느냐고 반문할 수도 있습니다. 하지만 북한, 이란, 이스라엘, 러시아, 중국, 미국처럼 반목하며 서로의 존재를 인정하려 들지 않는 나라들도 모두 무선 네트워크Wifi(와이파이) 기술을 사용합니다. 공통의 도구는 이념과 국경을 넘어 세계를 하나로 이어줍니다. 블록체인 기술도 마찬가지입니다. 우리는 손안에 있는 이 기술을 이용해 규제를 할 수도 있고 시장을 작동하게 할 수도 있습니다.

게다가 블록체인 기술은 스스로 진화하는 힘과 자기 회복력을 갖췄습니다. 블록체인으로 연결된 세상은 일종의 생태계같이 움직입니다. 자연 생태계를 보면 한 생물종이 멸종해도 그 틈새를 다른 종들이 메우거나 새로운 종이 차지하게 되므로 시스템 전체가 붕괴하지 않는데요. 블록체인 기술을 바탕으로 이런 식의 시장이 만들어질 수 있습니다.

지나치게 규제받는 시장, 너무 고립된 시장은 대체로 취약한 법이에요. 그런 시장은 얼핏 역동적이고 효율적으로 보여도, 삐끗하면 유리처럼 산산조각 날 것입니다. 우리는 이미 2008년에 경험해봐서 압니다. 같은 규칙과 같은 모델 아래서 세계 금융 위기가 터졌을 때, 그로부터 우리를 지킬 사고의 다양성은 없었습니다. 각국의 대응은 비슷했어요. 정부 관료들과 경제 엘리트들은 '규제를 강화해라' '정부 지출을 늘려라' '은행을 더 거대화하라' 같은 뻔한 대책들을 내놓았지요. '아예 다른 방향으로 접근하는 게 좋겠다' 같은 혁신적인 결론에는 이르지 못했습니다.

저 같은 개발자들은 암호화폐나 블록체인 기술의 존재 의의가 사람들에게 '다른' 선택지를 제공하는 시장의 창출에 있다고 믿습니다. 규제를 저지할 것인가 규제를 강화할 것인가 같은 이분법

찰스 호스킨슨

에서 벗어나 적자생존이라는 다윈의 법칙으로 시장의 '룰rule'을 재창조해야 합니다. 이런 시스템은 지금까지 존재해온 그 어떤 시스템보다도 공정할 것입니다.

선을 행하고자 하는 사람에게 기회를

◇◇◇◇◇◇◇◇◇

앞서 하이에크를 존경한다고 말했는데요. 하이에크는 개인의 자유를 매우 중요하게 여겼습니다.

저는 사람들이 기본적으로 선하며, 올바름을 추구한다고 믿습니다. 따라서 시장과 과학의 목표는 선善을 행하고 싶은 자에게 그 기회를 주는 것이라고 생각합니다. 그렇게 많은 사람들이 올바른 일을 행하고 성공에 이르게 되면 세상은 그 어느 때보다 좋은 곳이 되지 않을까요?

물론 전혀 다른 의견도 있습니다. 정부가 시민을 올바른 방향으로 지도해서 '요람에서 무덤까지' 모든 생활을 책임져야 한다는 사회주의가 대표적인데요. 사회주의 지도자들은 대체로 다른 사람보다 자기 자신이 현명하다고 믿습니다.

하지만 실상은 그렇지 않습니다. 한 사람이 모든 것을 알 수 없습니다. 한 위대한 존재가 나머지 사람들의 삶을 이끌 수 없습니다. 우리는 겸허할 필요가 있습니다. 우리는 세상의 '카오스chaos(혼돈)'를 통제하려 들지 말고 있는 그대로 받아들여야 합니다.

시장의 지혜와 대중의 지혜를 바탕으로 스스로 계획을 세우고 질서를 구축해나가는 경제 시스템이 필요합니다. 그 시스템은 국책 연구소나 민간 싱크탱크의 화이트보드에서 그려지는 것과는 전혀 다를 수도 있습니다. 하지만 이런 시스템이야말로 소수의 전문가가 모여 생각한 것보다 견고하고 회복력이 강하며 안전하고 오래갈 가능성이 큽니다. 저는 하이에크를 비롯해 다른 모든 경제학자가 이루고자 했던 바는 결국 '모든 사람'에게 차별 없이 잘 기능하는 시장을 발견하는 것이었다고 생각합니다.

불과 한 세기 반 만에 인류가 이룩한 진보를 생각하면 기쁘기 그지없습니다. 세계는 더욱 평화롭고 더욱 좋은 곳이 되었어요. 전 인류의 생활이 이전보다 더욱 풍족해졌습니다. 하지만 과제가 없다는 말은 아닙니다.

저는 세계 각지를 돌아다니면서 안타까운 상황을 자주 목격했습니다. 특히 동유럽이나 아프리카, 아시아에 사는 자유가 없는 사람들이나 빈곤으로 괴로워하는 사람들을 방문하면 마음이 아파요. 운이 조금만 나빴더라도 눈앞에 있는 사람이 저였을지도

찰스 호스킨슨

모르죠. 그러므로 부와 지식과 기술은 소수가 아니라 '전 인류'에게 좋은 경험이 되어야 합니다.

빅데이터는 이런 문제를 개선할 능력을 지니고 있지만, 독재자의 '드림캐처dreamcatcher'*가 될 위험도 갖고 있습니다. 예를 들어 중국의 '사회 신용 시스템Social Credit System'은 정부가 시민의 소득이나 경력, 인터넷 사용 기록 등을 한데 모아 점수화해 시민에게 등급을 매기는 제도입니다. 등급이 낮은 '나쁜 시민'은 여행도 갈 수 없고 직장에서 해고되며 은행 계좌도 폐쇄된다고 하네요. 이것은 빅데이터가 초래할 수 있는 무시무시한 디스토피아dystopia죠. 사회 신용 시스템이 전 세계로 퍼져나가는 걸 막기 위해서라도 우리는 정신을 바짝 차려야 합니다.

제 외할아버지는 한국전쟁에 참전했고, 제 아버지 세대는 베트남전쟁을 겪었습니다. 이처럼 각 세대는 저마다의 시련과 과제를 해결하려고 노력했습니다. 저는 우리 세대도 충분히 할 수 있다고 생각합니다.

---

* 원형 틀에 거미줄처럼 실들을 엮은 모양을 가진 아메리카 원주민의 전통 주술품. 침대맡이나 창문에 걸어놓으면 악몽 등의 사악한 기운을 잡아준다고 한다.

4장

◇◇◇◇◇◇◇◇◇

좋은 사회를 만드는
새로운 경제학이란 무엇인가

장 티롤
Jean Marcel Tirole

각국 경제 정책에 길을 제시하는 앎의 거인
프랑스 툴루즈 경제대학교 교수
독과점 기업 규제 이론으로 2014년 노벨 경제학상을 수상했다

장 티롤은 산업조직론, 규제이론, 게임이론, 행동 경제학 및 심리학, 거시경제학 등을 폭넓게 연구하는 세계적인 경제학자로 2014년 노벨 경제학상을 수상했다. 그의 독과점 규제 연구는 영향력과 실용성 면에서 높은 평가를 받고 있다. 그는 비용과 편익의 트레이드오프Trade-off(맞교환) 관계를 주의 깊게 고찰하고 여러 가지 제약 요소를 고려해서 최적해를 도출했다. 오늘날 가장 영향력 있는 경제학자 중 한 명으로 꼽히는 이 프랑스의 냉철한 지성에게 GAFA의 무시무시한 성장과 암호화폐의 범지구적 확산을 어떻게 바라보는지 물었다.

장 티롤

❖ ❖ ❖

적절한 규제는
필요하다

◇◇◇◇◇◇◇◇◇

먼저 자본주의란 무엇인지 묻고 싶습니다. 경제학자 중에도 자본주의와 시장 경제를 같은 의미로 쓰는 사람이 적지 않습니다. 특히 미국에서 그 경향이 뚜렷한데요. 교수님은 어떻게 생각하나요? 자본주의와 시장 경제는 다른 개념입니까? 아니면 대체로 같습니까?

저는 자본주의와 시장 경제를 같은 개념으로 이해하지 않습니다. 시장 경제는 기업 간의 '경쟁'을 최우선으로 하는 일종의 질서입니다. 한편 자본주의는 '통치'와 관련이 있습니다. 자본가와 투자자, 주주의 통치를 사회가 인정하고 받아들인다는 개념이지요. 둘은 양립할 때도 있지만, 하는 이야기는 다릅니다.

아마 북한을 제외한 거의 모든 국가가 시장 경제로 운영되고 있을 건데요. 저는 오늘날 '시장을 어떻게 규제할 것인가?'라는 문제만큼 중요한 건 없다고 생각합니다.

그렇다면 자본주의의 미래를 어떻게 내다보십니까? 특히 2008년 리먼 브라더스Lehman Brothers 사태* 이후, 많은 사람들이 자본주의 경제의 지속 가능성을 우려합니다. 자본주의가 미래에도 안정적으로 존속하겠습니까? 아니면 다른 대안이 있나요?

자본주의 경제가 우리에게 실망을 안겨준 것은 사실이나 그렇다고 실패할 게 뻔한 계획 경제로 돌아가는 일은 없어야 합니다. 계획 경제는 아무리 뛰어난 인물이 지도해도 그 자체로 결함이 있기 때문에 실패할 겁니다.

미래에는 시장 경제를 없애는 것이 아니라 정부가 시장 실패를

* 2008년 9월 15일 미국 4위의 투자 은행인 리먼 브라더스가 뉴욕 법원에 파산 보호를 신청하면서 2008년 세계 금융 위기가 시작되었다.

장 티롤

수정하는 것이 필요합니다. 왜 시장 실패가 존재하냐고요? 이유는 다양합니다. 특정 기업의 과도한 시장 지배력이 문제일 수도 있고, 2008년 세계 금융 위기 때처럼 정보 비대칭[8]이 문제일 수도 있습니다(알고 보니 은행이 공익을 해치는 일을 하고 있었죠). 불평등도 시장 실패 중 하나입니다.

특히 불평등은 여러 종류가 있습니다. 소득이나 자산에 있어서의 불평등뿐 아니라 교육, 건강, 고용에 있어서도 불평등이 있습니다. 집에 돈이 없어서 학교에 가지 못하고, 건강보험을 들지 못해서 병원에 가지 못하는 사람들을 생각해보세요. 정규직과 비정규직을 나누는 노동 시장에서 단기 일자리를 전전하며 불안해하는 사람들도요. 세상에는 해결해야 하는 불평등 문제가 참 많습니다.

따라서 적절한 규제가 필요합니다. 독점, 정보 비대칭, 불평등, 사생활 보호 등의 문제를 해결해줌으로써 인간다운 삶을 지켜주는 강력한 국가 없이 시장 경제는 존속할 수 없을 겁니다.

---

8 상품에 관해 파는 사람과 사는 사람 간에 정보 격차가 있는 현상. 거래자 중 한쪽만 정보를 가지고 있고 나머지 한쪽은 정보가 없거나 부족하면 바람직하지 못한 선택(역선택, adverse selection)이나 바람직하지 못한 행동(도덕적 해이, moral hazard)이 발생한다.

무지의 장막

불평등과 관련해 교수님이 자주 언급하는 '무지의 장막veil of ignorance'이 뭔지를 설명해주시면 좋겠습니다.

평등한 사회를 만들기란 매우 어려운 일입니다. 개인의 사회적 지위나 경제적 부는 선천적인 능력이나 타고난 배경에 따라 달라지기 마련입니다. 무지의 장막은 모든 조건을 '백지화'하고 생각해보자는 일종의 사고 실험입니다. 『정의론A Theory of Justice』으로 유명한 영국의 정치철학자 존 롤스John Rawls가 제안했죠. 그는 무지의 장막에 싸인 상태에서 정의의 원리가 도출된다고 말했습니다.

만일 당신이 아직 그 누구도 아니라고 상상해보세요. 당신은 남자일 수도 있고 여자일 수도 있지만 아직까지 정해진 건 없습니다. 집이 가난할지 넉넉할지, 당신이 엘리트 가문에서 태어날지 노동자 가정에서 태어날지 아무도 모릅니다. 미국인이나 중국인처럼 큰 나라에서 태어날지 작은 나라에서 태어날지, 민족적으로나 종교적으로 다수파에 속할지 소수파에 속할지도 결정되지 않았습니다. 성적 지향도 알 수 없습니다.

이런 상황에서 당신이 생각하는 이상적인 사회는 어떤 모습인가요? 아마도 당신은 남녀가 평등한 사회, 소수 민족이나 소수파 종교에게 차별과 불이익이 없는 사회를 바랄 것입니다. 또 소수의 부자와 다수의 빈민이 존재하는 사회보다는 소득이 골고루 분배되는 사회를 선호할 것이고, 공적건강보험 제도가 있어서 누구나 아프면 병원에 가는 사회가 좋다고 느낄 것이며, 시장의 독점을 해소하는 정부가 바람직하다고 생각할 것이 틀림없습니다.

원래대로라면 기득권을 잃기 싫어 성평등 정책에 반대했을 남성이라도, 무지의 장막 아래서는 평등을 주장하는 게 합리적입니다. 이처럼 무지의 장막이라는 사고 실험은 사회가 지향해야 할 가치와 목표를 정하는 데 용이합니다. 경제학자는 그 실현에 필요한 기술과 지식을 제공하는 역할을 합니다.

무지의 장막은 아주 매력적인 아이디어지만 이를 근거로 현실 정치에서 정의로운 분배를 주장하기는 어려워 보입니다.

맞습니다. 모든 사람이 지금 당장 누리고 있는 사회적 지위와 기득권을 기꺼이 내려놓지는 않을 테니까요. 그렇다고 무지의 장막이 쓸모없는 건 아닙니다. 이 개념은 사람들에게 자기중심적인 생각에서 벗어나 현실을 직시하고 시야를 넓혀 생각하라고 말합니다.

무지의 장막은 교육적인 관점에서도 훌륭합니다. 저는 무지의 장막을 학교에서 꼭 가르쳐야 한다고 생각합니다. 단순히 철학에서만 논의될 개념은 아니라고 봐요. 그것은 생각의 깊이를 더해 줍니다.

실제로 우리는 자신이 믿고 싶은 것만 믿으려고 할 뿐 본질에 대해서는 충분히 생각하지 않는 경향이 있고, 정치인들은 이 점을 교묘하게 이용하곤 합니다. 첫인상에서 벗어나지 못한 인식은 공공의 의사 결정에 아주 나쁜 영향을 미칠 수 있습니다. 예를 들어 사람들이 후보자가 내세우는 정책이나 이해관계를 제대로 이해하지 못한 채 투표한다면 민주주의는 제 기능을 다하지 못할 것입니다.

시장은 수정하면
더 잘 기능한다

◇◇◇◇◇◇◇◇◇

글렌 웨일Glen Weyl과 에릭 포즈너Eric Posner는 공동 저서인 『래디컬 마켓Radical Markets』(부키)에서 의사 결정 문제에 시장 원리를 도입하자고 주장했습니다.

장 티롤

『래디컬 마켓』의 핵심 아이디어는 '시장의 일반화'입니다. 시장의 가격 체계는 소비자의 기호가 어디를 향하며 얼마나 큰지를 드러내 보입니다. 사람들이 무엇에 얼마를 내는지가 눈에 명확하게 보이기 때문에 가능한 일이죠.

『래디컬 마켓』의 저자들은 다수결 투표 제도가 유권자의 기호를 제대로 반영하지 못해서 각종 문제가 발생한다고 생각합니다. 예를 들어 당신이 선거에서 A, B 후보 중 A 후보를 뽑았어도, 당신이 A 후보를 열렬히 지지한다고는 단정할 수 없습니다. 물론 그럴 수도 있지만, A 후보가 B 후보보다 그나마 낫다고 생각해서 뽑았을 수도 있거든요. 또 한 사람이 한 표만 행사할 수 있기 때문에 투표 행위만으로는 당신이 어떤 문제에 얼마나 관심을 갖는지 알 수 없습니다. 이런 제도 안에서는 차별이나 불평등으로 신음하는 소수가 다수를 이기기 힘듭니다.

저자들은 '제곱투표Quadratic Voting, QV'라는 새로운 방식을 제안합니다. 국민은 주어진 '보이스 크레디트'를 투표권으로 전환하거나 이월하거나 거래할 수 있습니다. 대신 표로 전환할 때는 보이스 크레디트 한도 내에서 행사할 표 수의 제곱만큼 사용해야 합니다. 단순히 찬성인지 반대인지 혹은 무관심한지만 물었던 기존의 제도와 달리 제곱 투표는 얼마나 찬성하고 얼마나 반대하는지까지 구체적으로 묻는 거죠.

하지만 교수님은 시장과 정부 간 상호 보완성을 강조하는 입장이죠.

맞습니다. 물론 시장은 훌륭한 장치입니다. 하지만 외부 효과, 불평등, 독점, 정보 비대칭 등 시장 스스로 해결하지 못하는 과제도 많습니다. 그래서 이것들을 해결하기 위해 정부가 나설 필요가 있습니다.

애초에 결점을 최소화하는 방향으로 시장을 설계하는 것도 중요하지만, 문제가 드러났을 때 정부 행정이 시의적절하게 개입하는 것도 중요합니다. 시장은 잘 기능하고 있지만, 수정하면 분명더 잘 기능할 겁니다.

시장의 정보를 무시해서 붕괴한 사회주의

◇◇◇◇◇◇◇◇◇

하이에크는 수요와 공급에 관한 개개인의 단편적인 지식이 시장에 모여 사회 목표, 즉 효율적인 자원 분배를 실현한다고 말했습니다. 가격이 오르고 내리는 과정에서 상대방에 관한 정보가 전달되고 행동이 수정되면서 합의에 이른다는 건데요. 그에 따르면 시장은 올바른 정보와 지식을 얻을 수 있는 곳입니다. 따라서 하이에크는 시장의 자유를 중요하게 여겼고, 대공황 시절 국가의 경제 개입을 강조한 케인즈 측의 주장이나 제2차 세계대전 이후에 동구권에서 나타난 사회주의식 계획 경제를 강하게 비판했습니다.

하이에크의 말대로, 시장은 정보를 쉽게 모읍니다. 시장 가격은 소비자와 생산자 간 의사를 전달하거든요. 예를 들어 소비자 측에서 누군가 어떤 상품에 10달러를 냈다면, 그것은 이 상품에 대해 10달러만큼의 가치를 인정했다는 표현입니다. 만일 소비자가 인정한 가치와 생산자가 설정한 상품 가격이 일치하지 않으면, 물건이 잘 안 팔릴 테니까 생산자 측에서 경쟁이 일어납니다. 그 결과 시장 가격은 제조원가에 가까워지다가 적정 선에 안정될 것입니다.

그런데 2008년 세계 금융 위기가 일어난 뒤로, 많은 사람들이 자본주의나 시장 경제를 회의적으로 바라보기 시작했습니다. 게다가 가짜 뉴스 문제는 시장에서 올바른 정보와 지식을 얻을 수 있다는 하이에크의 주장을 약화시켰죠. 그러다 보니 최근 들어 계획 경제나 사회주의를 지지하는 사람도 나오고 있어요.

공산주의 국가의 파탄은 어느 정도 예상 가능한 일이었다고 봅니다. 계획 경제는 정보 측면을 전혀 고려하지 않았거든요. 공산주의 지도자들은 시장 정보의 의미와 가치에 별 관심이 없었던 것 같아요.

소련은 자제심이 있고 사심이 없으며 근면한 인간 그리고 사회에 헌신하고 유능한 지도자를 가정하고 세워진 나라였습니다. 물론 그 가정들은 허상에 불과했습니다. 계획은 계속 실패하고 경제는 침체되었으며 빈곤층이 늘어났습니다. 그 결과 동구권 국가들은 붕괴했습니다.

물론 문화 활동을 통제하고 종교를 금지하는 등 시민의 자유를 지나치게 제한한 결과, 민심이 멀어졌기 때문일 수도 있지만요. 무엇보다 정보의 중요성을 경시하고 인센티브에 반응하는 인간의 내적 동기를 무시했기 때문에 공산주의 실험이 대실패로 끝났다고 봅니다.

그동안 시장 경제는 말도 많고 탈도 많았지만, 적어도 정보를 중시하고 인간 욕구에 솔직했기 때문에 지금까지 살아남았습니다. 따라서 지금의 자본주의가 물질만능주의에 빠져 공익을 경시하고 인간의 존엄을 해친다고 느낀다면, 이미 실패한 계획 경제로 돌아가는 게 아니라 정부의 현명한 규제로 시장과 사회에 만연한 왜곡을 수정하는 게 맞습니다.

장 티롤

정치적 독립성과 겸손함이
현명한 규제를 만든다

◇◇◇◇◇◇◇◇◇

어떠한 규제가 바람직합니까?

한 예로 이산화탄소 배출을 줄이기 위한 정책을 살펴보겠습니다. 가장 먼저, 정부가 이산화탄소 배출량 목표치를 각 산업별 또는 기업별로 할당하고 이를 어길 경우 행정적 제재를 가할 수 있습니다. 하지만 소비자든 기업이든 연구소든 정부 부처든 간에, 이산화탄소의 배출량을 쉽게 줄일 수 있는 부문이 어디인지는 그 누구도 확실하게 알지 못하므로 이런 직접 규제 방식은 효율성이 떨어집니다.

반면 탄소세나 배출권거래제cap-and-trade는 직접 강제하는 대신 자발적으로 이산화탄소를 줄이게끔 만드는 일종의 유인책입니다. 이산화탄소 배출 감축 부담을 누구에게 지우는 것이 적절한지 알 수 없는 상태에서, 탄소에 가격을 매겨 오염 주체 스스로가 구체적으로 행동하게 만드는 겁니다.

먼저 탄소세는 이산화탄소를 발생시키는 화석 연료에 세금을 부과함으로써, 이산화탄소 배출을 줄일 여지가 있는 기업이 자발적으로 화석 연료를 덜 쓰게 합니다. 감축하는 데 세금보다 더 많은 돈이 드는 기업은 탄소세를 내는 쪽을 선택하겠죠.

한편 배출권거래제는 정부가 산업 전체의 배출 총량cap을 정하고 기업에게 배출권을 할당해준 뒤, 기업 간 배출권 거래trade를 허용하는 제도입니다. 이렇게 하면 기업들은 시장에서 거래되는 배출권 가격과, 이산화탄소 감축에 투자함으로써 얻는 이득을 비교해 어찌할지 결정하겠죠.

정부가 규제할 때 유의해야 할 점이 있다면요?

정책 입안자는 항상 겸손해야 합니다. 그리고 정책이 공익에 이바지한다는 확실한 정보의 뒷받침이 없을 때는 명령 통제command and control 방식이 비효율적일 수 있으며 예기치 못한 부작용을 낳을 수 있음을 명심해야 합니다.

사법부의 독립도 중요합니다. 사법 기관과 법 집행이 정치의 영향을 받아서는 안 됩니다.

정부가 시장에 개입하는 방법은 규제도 있지만 산업 정책도 있습니다. 산업 정책은 산업의 지원과 육성을 목표로 하는데요. 실제로 일본을 비롯해 많은 후발 산업 국가들이 정부 주도의 산업 정책을 바탕으로 경제 성장을 이뤄냈습니다. 교수님은 산업 정책

장 티롤

에 대해선 어떻게 생각하나요?

   프랑스도 전통적으로 정부가 주도하는 산업 정책의 힘이 강한 나라입니다. 하지만 몇몇을 제외하고 대부분의 산업 정책이 적절치 못했어요. 그 원인 중 하나로 정보 비대칭 문제를 꼽을 수 있습니다. 정부가 기업보다 정보 측면에서 불리하기 때문에, 기업이 정부로부터 바람직한 수준 이상의 지원금을 받거나 해도 이를 알아차리거나 제재하기 어렵습니다.

   또 정부는 정치적으로 독립적인 기관이나 전문가의 의견에 귀를 기울여야 합니다. 그리고 필요하다면 공익을 위해 정책 결정 및 집행 권한을 위임해야 합니다. 예를 들어 중앙은행이 대표적인 사례입니다. 프랑스에서는 일찍이 중앙은행이 경제 정책을 담당해왔는데 지금은 권한이 정부로 넘어갔습니다. 그 결과, 기업 경영자가 좁혀오는 수사망을 피하려고 장관에게 전화하는 일이 지금 일어나고 있어요.*

   그리고 정책은 수요와 공급을 모두 고려해 설계되어야 합니다. 그렇지 않으면 겉은 화려하지만 실속 없는 '하얀 코끼리white

---

* 2016년 크리스틴 라가르드(Christine Lagarde) 당시 IMF 총재(현 유럽중앙은행 총재)가 프랑스 사르코지 정부에서 재무장관으로 재직했을 때 영향력을 행사해 기업가 베르나르 타피(Bernard Tapie)를 도왔다는 의혹이 사실로 밝혀져 유죄 판결을 받은 바 있다.

elephant'*가 될 수 있습니다. 예를 들어 프랑스의 각 지자체들이 바이오 기술과 환경 문제, 인공지능 등을 연구하는 독자적인 연구 기관을 세우려고 하는데, 정작 연구자가 충분한지 또는 연구 인프라는 갖추어져 있는지 등은 검토하지 않고 연구소 건립을 추진한다면 결과가 어떻게 나올까요? 아마 건물 짓느라 돈만 쓰고 의도한 성과는 내지 못해서 예산 낭비라는 비판을 받을 겁니다.

정부 지원을 받는 기업이나 이익 단체는 정치권에 압력을 행사해 계속 혜택을 누리려고 할 테니 이럴 때는 미리 적용 기간을 정해두는 일몰 조항sunset clause이 해결책이 될 수 있습니다. 또 정책 결과를 정기적으로 평가하는 것도 중요한데요. 민간에서는 성과 평가를 자주 하고 또 당연시 여기니까, 정부와 민간 부문이 제휴해 평가 기준을 만들 수도 있을 겁니다.

---

* 고대 태국에서 왕이 마음에 들지 않는 신하에게 하얀 코끼리를 선물한 데서 유래한 경제 용어. 하얀 코끼리는 신성한 동물로 간주되므로 일을 시킬 수도 없고 왕이 선물한 선물이니 굶어 죽게 놔둘 수도 없었기에 신하는 막대한 사료비를 들여 키울 수밖에 없다.

장 티롤

디지털 경제에 등장한
글로벌 독점 기업

◇◇◇◇◇◇◇◇

최근 IT 기업의 성장세가 두드러지는데요. 이런 기업은 직접 뭔가를 생산하는 게 아니라 소비자와 생산자를 이어주는 서비스를 제공합니다. 대표적으로 메일, 검색 엔진, 클라우드 등이 있죠. 참고로 구글은 메일과 검색 엔진 분야에서, 아마존은 전자상거래와 클라우드 서비스 분야에서 선두를 달리고 있습니다.

전통적으로 인프라 산업은 시설 투자에 막대한 자금이 들고 생산이나 소비 측면에서 규모의 경제가 나타나므로 자연 독점natural monopoly이 일어납니다. 인프라 산업의 예로는 수도, 가스, 도로, 철도 등이 있는데요. 예전엔 인프라를 정부와 공기관이 제공하는 게 일반적이었는데, 지금은 사기업이 제공하고 있어요. 그러다 보니 이런 사기업들이 자연스럽게 시장을 독점하고 막대한 이익을 거두고 있습니다. 거대 IT 기업들을 감시, 감독하기 위해 정부가 개입해야 한다고 보십니까?

애플이 제공하는 아이오에스iOS나 구글이 제공하는 안드로이드Android는 전 세계에 유통되는 모바일 소프트웨어 운영 체제입니다. 아마 애플과 구글이 아니었으면 이 정도로 많은 사람들이 사용하지는 않았을 거예요. 그들이 사용하는 기반 기술 대부분이 미국 국방부 산하 방위고등연구계획국DARPA(다르파)*과 국립과학재단NSF의 연구 성과에서 나왔는데요. 애플은 그 기술들을 세련된 디자인의 전자기기로, 구글은 소비자 친화적인 검색 엔진으로 만들어서 시장에 내다판 거죠. 이런 인프라를 정부나 공기관이 먼저 제공했으면 좋았을 테지만, 사실 사기업보다 이런 일을 잘하는 곳은 없을 겁니다.

그런데 이런 디지털 인프라는 네트워크 효과가 있어서, 강한 자가 더 강해지는 시장이 형성됩니다. 많은 사람이 페이스북을 이용하는 이유는 페이스북이 다른 SNS보다 뛰어나서가 아니라 이용자가 많기 때문입니다. 이용자가 많을수록 그 안에서 느끼는 서비스 가치가 높아지는 구조라서, 페이스북이 자연스럽게 SNS 시장에서 독점력을 갖게 된 거죠.

하지만 지금까지 통신, 전기, 철도 등의 분야에서 독점 기업을 규제해온 것과 똑같이 이들을 규제하기란 쉽지 않습니다. 왜냐하면 애플이나 구글은 글로벌 기업이거든요. 국내 기업이라면 그 나라 정부에서 수익을 보고하게 해서 과세할 수 있지만, 글로벌 기업들은 전 세계적으로 매출을 올립니다. 그리고 우리는 이런

---

* 이곳에서 개발된 아르파넷(ARPANET)에서 21세기 정보 혁명의 주역인 인터넷이 나왔다.

장 티롤

기업들을 규제해본 경험이 없어요. 따라서 오늘날 거대 IT 기업들의 독점 상태를 개선하기 위해선 공정하고 자유로운 경쟁을 보호하는 정책이 필요합니다.

신규 사업자가
진입할 수 있어야 한다

◇◇◇◇◇◇◇◇◇

이미 거대 디지털 기업들이 독점력을 행사하는 시장에서 정부가 어떻게 경쟁을 촉진할 수 있습니까?

경쟁은 기존 시장에 긴장감을 불어넣고 사업의 혁신과 가격 인하를 압박합니다. 물론 독점 시장을 경쟁 시장으로 바꾸는 건 어려운 일입니다. 일반적으로 독점 기업은 혁신을 싫어하거든요. 새로운 제품과 서비스는 기존 자사 제품의 매출을 떨어뜨리고 기업 영향력을 감소시킬 테니까요. 그렇다고 독점 상태를 방치하는 건 소비자에게 불이익입니다.

시장에 경쟁을 촉진하려면 두 가지 조건이 꼭 필요합니다. 첫째, 기업의 신규 진입이 가능해야 합니다. 둘째, 신생 기업이 살아남아야 합니다.

구글과 아마존도 처음에는 작은 기업이었습니다. 그들은 기존 사업자들이 놓치고 있었던 틈새시장을 비집고 들어갔죠. 구글은 막 성장하기 시작한 검색 엔진 시장에 뛰어들어 라이코스Lycos, 야후Yahoo 등과 경쟁했고, 아마존은 책을 전자 상거래로 파는 것부터 시작했습니다.

지금은 제2의 구글, 제2의 아마존이 나오기가 무척 어렵습니다. 거대화한 기존 기업들의 반경쟁적 활동 때문인데요. 예를 들어 그들은 소규모 사업자가 감당하기 힘들 정도로 시장 가격을 낮춰버릴 수 있습니다. 그렇게 되면 새로운 기업이 시장에 들어오지 않을 거고, 또 너무 낮은 가격으로 적자가 누적된 기존 기업은 시장에서 나갈 거예요.

그래서 정부가 개입해야 합니다. 특히 속도가 관건인데요. 업계의 움직임은 매우 빨라서, 정부가 판단을 내린 시점에 이미 신생 기업이 버티지 못하고 망했을 수도 있기 때문입니다.

두 번째 조건은 기존 기업이 잠재력 있는 신생 기업을 매수하는 문제와 관련이 있습니다. 페이스북이 인스타그램과 왓츠앱을 인수한 것이 전형적인 예입니다. 그로 인해 페이스북과 경쟁할 소셜 미디어 기업이 사라졌죠.

오늘날 시장에서는 성장 잠재력이 높은 벤처기업이나 소규모 스타트업이 시장에 새롭게 진입한 후에 기존 기업에게 매수되는 사례가 증가하고 있습니다. 이것을 '매수를 가정한 진입Entry for Buyout'이라고 하는데요. 다시 말해 기존 기업에 매수되기를 원하는 신규 사업자가 늘고 있어요. 경쟁을 촉진하고 소비자 이익을 증진하기 위해서라도 독점 기업이 경쟁 기업을 매수하거나 합병하는 걸 규제할 필요가 있습니다.

다만 이런 거대 IT 기업에 독점금지법을 적용하기 쉽지 않을 겁니다. 디지털 산업계는 시장이 매우 역동적이라서 동종 업체 매수인지 아닌지를 판단하기가 어렵기 때문입니다. 페이스북이 인스타그램과 왓츠앱을 인수했지만, 그들이 페이스북 같은 사업을 하려는 거라고 단정 지을 수 없는 것처럼요. 저는 그들이 페이스북과 경쟁 기업이 될 '가능성'을 말할 뿐입니다.

확실히 예전 같으면 더 성장하기 위해 기업 공개Initial Public Offering, IPO*를 했는데, 요즘 신생 IT 기업들은 오히려 GAFA 등 거대 IT 기업에 매수되는 쪽을 바라는 것처럼 보여요. 왜 이렇게 변했을까요?

여러 이유가 있겠지만 신규 주식 공개 시장의 움직임이 약해진

* 기업 경영 내용을 공개하고 외부 투자자에게 주식을 매도함으로써 재원을 확보하는 활동

시기와 겹쳤다는 걸 지적할 수 있습니다. 신규 주식 공개 시장의 호황과 불황은 경제 변동과 밀접한 관련이 있는데요. 경제가 호조세를 보일 때는 신규 주식 공개가 늘고, 경제가 둔화하면 신규 주식 공개는 단번에 줄어듭니다. 아무래도 시장이 불안하면 기업 가치가 저평가되니까요.

독점 기업 입장에서는 이익 분산을 막기 위해 경쟁 상대를 매수하는 게 이득입니다. 신흥 기업 입장에서는 주식 시장이 불황일 때 기업 공개를 하는 것보다 독점 대기업에게 회사를 파는 게 더 이익입니다. 따라서 이런 거래가 성립하는 거죠.

하지만 소비자 입장에서는 이런 식의 기업 간 매수·합병이 바람직하지 않습니다. 신흥 기업이 기업 공개를 하면 주가는 주식 시장에서 기대 이익에 따라 결정되는데, 같은 업계의 대기업에게 인수되면 그 가치는 시장이 아니라 기업끼리의 교섭으로 결정됩니다. 이 경우, 신흥 기업은 주식 공개로 얻을 수 있는 것보다 더 많은 이익을 얻어서 좋고, 대기업은 신흥 기업과의 경쟁을 피할 수 있어서 좋겠지만 승자 독식 구조가 더욱 심화되어 경쟁이 줄어들고 혁신이 저해되면 결국 불이익을 보는 것은 소비자가 됩니다.

장 티롤

암호화폐는
사회에 유익하지 않다

◇◇◇◇◇◇◇◇◇

또 하나 중요한 경제 이슈가 암호화폐입니다. 블록체인 기술을 기반으로 등장한 비트코인 등의 암호화폐가 금융 시장에서 각광받고 있는데요. 암호화폐의 미래, 어떻게 전망하십니까?

암호화폐가 성공할지 아닐지는 예측하기 힘든 문제입니다만, 저는 실패할 것으로 봅니다. 암호화폐는 거품이기 때문입니다.

거품이라는 건, 내재한 실질 가치에 비해 시장 가격이 너무 높게 형성되었다는 뜻입니다. 지금의 비트코인 가격은 암호화폐에 대한 사람들의 막연한 기대와 신뢰가 뒷받침하고 있습니다. 그런데 만일 내일, 아무도 비트코인을 믿지 않게 되었다고 한다면 그 가격이 폭락할 것입니다. 이것이 거품 붕괴입니다. 현재로서는 비트코인이나 실물로 보증되지 않는 불환 지폐fiat currency나 금이나 모두 다를 게 없습니다.

수천 년 동안 계속되어온 금값 거품을 생각해봅시다. 금이 원자재로서 어느 정도 가치를 지닌 건 사실이지만, 치과 치료의 충진재로 쓰이는 금의 가치와 지금 금값은 하늘과 땅 차이입니다. 그렇다면 비트코인이 금의 뒤를 이어 새로운 거품 자산이 될까요?

답은 알 수 없습니다. 언제 이 거품이 꺼질지도 모르겠어요. 하지만 그렇게 되면 수많은 암호화폐가 하룻밤 사이 안개가 되어 사라질 것입니다.

암호화폐가 사회에 유익하다는 의견에 대해서는 어떻게 생각하는지요?

저는 암호화폐가 사회에 무익하다고, 아니, 무익한 정도가 아니라 유해하다고 봅니다. 이유는 세 가지를 꼽을 수 있습니다.

첫째, 암호화폐는 돈세탁, 탈세, 암거래 등에 악용될 수 있기 때문입니다. 하지만 현재로서는 이런 불법 행위에 대해 정부가 통제할 제도적, 법적, 기술적 기반이 부족한 상태입니다.

둘째, 암호화폐 때문에 통화를 발행하는 중앙은행의 시뇨리지 seigniorage(화폐 주조 차익)가 줄어듭니다. 각국 중앙은행은 화폐를 발행할 때 이익을 얻고, 이것이 공공 부문의 수익이 되는데요. 간단히 설명하면 중앙은행은 민간 은행으로부터 국채를 사들이고 대금을 민간 은행에 지불하는 형태로 화폐를 발행합니다. 이때 국채에는 금리가 붙지만 현금에는 금리가 붙지 않는데 그 차액이 중앙은행의 이익이 됩니다. 그런데 비트코인 등의 암호화폐가 확산되면 중앙은행에서 얻는 시뇨리지가 줄어들어서 공공 부문의 수익이 감소합니다.

　마지막은 금융 정책의 훼손 가능성입니다. 제가 가장 우려하는 점인데요. 2008년 세계 금융 위기 때는 각국 중앙은행이 시장에 통화를 대량으로 유통, 발행함으로써 유동성 위기를 극복했습니다. 하지만 민간이 발행하는 암호화폐는 그 누구도 공급을 제어할 수 없습니다. 따라서 암호화폐가 주거래 화폐인 상황에서는 이런 부양책을 쓸 수 없습니다.

　암호화폐는 거품이라고 하셨는데요. 현재 각국 통화도 금이나 은 등의 실물로 보증되지 않으며 고유의 내재 가치가 없는 불환 지폐입니다. 그럼 사실상 모두가 거품 아닌가요? 둘은 어떻게 다릅니까?

　둘 다 거품이라고 해도, 불환 지폐는 공급이 통제되며, 실제 사용에 의해 뒷받침됩니다. 다시 말해, 각국의 불환 지폐는 실물 경제에 깊이 뿌리 내리고 있습니다.

　민간이 발행하는 암호화폐는 그렇지 않습니다. 비트코인으로 상품과 서비스의 값을 치르거나 세금을 납부한다고 하면 모를까요. 개인적으로는 부디 그럴 일이 없기를 바랍니다. 가치의 등락이 너무 심해서 하루 사이 세수가 배로 늘었다가 반으로 줄어드는 일이 발생할 수도 있으니까요. 지금의 암호화폐는 실물 경제와 연동되어 있지 않고 섣부른 기대까지 더해 있어서 매우 불안정합니다. 그에 견주면 불환 지폐는 그 역사가 길고 가치도 비교적 안정적이죠. 둘은 근본적으로 달라요.

금융 시장의
도덕적 해이

◇◇◇◇◇◇◇◇◇

세계 금융 위기 때문에 금융 시장이 많은 비판을 받고 있습니다. 은행 등 금융 기관에 대한 사람들의 의구심도 팽배해 있고요.

지금 모든 비판의 화살이 금융 시장에 몰려 있기는 하지만, 사실 정부도 금융 위기에 책임이 있습니다. 정부가 시장을 적절하게 규제하지 못하고 잘못된 인센티브를 제공했기 때문입니다.

금융 시장은 특히 도덕적 해이moral hazard*가 빈번하게 발생합니다. 먼저 은행이 리스크가 큰 파생 금융 상품들에 투자해놓고도 재무상태표에 반영하지 않으면, 손실이 얼마인지 외부에선 확인

* 정보 비대칭 상황에서 정보를 가진 측이 자신의 이익을 추구하기 위해 정보를 갖지 못한 측의 이익에 위배되는 행동을 하는 것

장 티롤

할 수가 없습니다. 이런 상품들은 자금 경로가 복잡해서 규제하기가 어렵고, 그 매매를 제한하기도 쉽지 않아요.

또 은행이 파산할 것 같으면 정부가 공적 자금을 투입해 구제해주는데 이것이 일종의 면책처럼 작용해 오히려 금융 시장의 도덕적 해이 문제를 심화시키기도 합니다. 공적 부채도 마찬가지에요. 2009년까지 독일과 그리스의 국채는 거의 같은 금액으로 발행·거래되고 있었어요. 왜냐하면 금융 시장은 그리스의 부채에 리스크가 없다고, 즉 유럽연합EU이 그리스를 구제해주고 그 국채를 처리해줄 거라고 생각했기 때문이에요. 이런 식의 긴급 원조가 있기 때문에 파산 직전의 나라나 은행이 투자를 계속하는 겁니다.

정부는 금융 위기를 막는 데 실패했지만 경제학자들은 미리 예측할 수도 있지 않았을까요?

이론상으로는 금융 위기를 방지할 수 있는 통찰력을 지닌 경제학자가 많이 있었을 겁니다. 가령 어느 경제학자는 점두 시장over-the-count market*이 위험하다는 사실을 충분히 알고 있었습니다. 그곳에서는 정보 공개를 요구하는 등의 규제를 피할 수 있기 때문

* 거래소 시장 밖에서 증권회사끼리 또는 증권회사와 고객 간 유가 증권의 매매가 이뤄지는 시장

에 정보 비대칭이 심화되거든요.

하지만 사태가 매우 심각한 수준에 이르렀다는 걸 알아차리지는 못했습니다. 2008년 세계 금융 위기의 발단은 장부 외 거래off-balance sheet*에 있는, 자본 요건을 전혀 충족하지 못하는 기업이 원인이었지만 그 규모가 얼마나 되는지 경제학자 대부분은 알 수가 없었죠.

경제학은 과학이지만, 정밀한 과학은 아닙니다. 경제학자는 머릿속에서 이론과 규제를 생각해낼 수 있지만, 실제 현실 경제에 대해서는 모르는 게 많습니다. 미리 뭔가를 알아챘더라도 그것이 사회에 도움이 되지 않을 때도 있고요. 그러다 보니 금융 위기 이후 사람들이 경제학의 말을 듣지 않고 믿지 않으려는 것처럼 보이기도 합니다.

말도 많고 탈도 많은 복잡한 파생 상품이나 금융 서비스를 왜 없애지 않는지 궁금해요.

파생상품은 본래 유익한 것입니다. 예를 들어 은행과 기업은 금

---

* 대차대조표에 자산이나 부채로 기록되지 않은 거래를 말한다. 장부 외 거래를 통해 금융 기관은 부채를 부담하는 행위를 하면서도 현 재정 상태를 유지하는 것처럼 보이므로 평가와 규제를 피할 수 있다.

장 티롤

리 스와프를 통해 금리 리스크에 대한 보험을, 환율 스와프 통해 환율 리스크에 대한 보험을 들 수 있습니다. 다만 그들의 위험 감행risk taking 수단으로 이용되는 거라면, 본래 이로운 것이었어도 얼마든지 공익을 해칠 수 있습니다.

따라서 잘못 사용되지 않도록 적절한 규제가 필요합니다. 그런데 금융 위기의 시발점이었던 미국에서 트럼프 대통령이 온갖 규제들을 폐지하고 있습니다. 마치 자유방임주의를 부활시키려는 것처럼 보여요.

자유주의의 핵심은
방임이 아니라 책임

◇◇◇◇◇◇◇◇◇

그런데 많은 사람들이 자유가 경제의 전부이고, 시장 실패는 경제의 아주 작은 부분에 지나지 않는다고 오해하는 듯합니다.

시장이 잘 기능하면 경제학은 필요가 없습니다. 경제학자들은 대부분의 시간을 시장 실패를 연구하는 데 씁니다. 우리는 여러분이 생각하는 것만큼 시장을 사랑하지 않습니다. 시장은 사람들의 기호를 정확하게 측정해주는 도구지만, 그렇다고 그것이 훌륭한 도구라는 말은 아닙니다.

경제학자들이 가장 중요하게 생각하는 것은 공익입니다. 시장은 공익에 이바지하는 하나의 수단으로서 가치를 지닙니다. 따라서 공익에 해가 되는 시장에는 규제가 이뤄져야 맞습니다.

자유방임주의와 자유주의는 같은 생각이 아닙니다. 제가 그리는 자유주의에선 자유에 책임이 수반됩니다. 우리는 자신이 한 행동의 결과를 책임져야 해요.

예를 들어 자유주의를 지지한다고 해서, 환경 보호도 개인의 자유에 전적으로 맡겨야 할까요? 오히려 경제학자들은 그런 자유방임주의가 적절하지 않다고 주장합니다. 자유주의에서는 오염 제공자에게 책임을 물어야 합니다. 그래서 경제학자들이 탄소세를 지지하는 거죠.

문제는 시장 실패를 교정하려는 정부의 시도가 방해를 받고 있다는 점입니다. 예를 들어 트럼프 대통령은 금융 시장에서 규제를 철폐하고 상품 시장에서 보호주의와 고립주의를 강화하는 정책을 펼치고 있는데요. 이것은 잘못된 정치 개입의 전형입니다.

사실 미국 대통령뿐만 아니라 대부분의 정치인들이 단기적으로밖에 생각을 못 합니다. 트럼프의 경우, 길어 봐야 2년 정도 내다볼 걸요? 그들은 장기적인 시야로 정책을 보는 데 관심이 없어요. 오로지 다음 선거에 당선되는 것에만 관심이 있습니다.

장 티롤

인간은 항상
합리적이지 않다

◇◇◇◇◇◇◇◇◇

이처럼 사람들은 단기주의에 빠지기 쉽습니다. 장기적으로는 건강을 위해 금연을 해야 한다고 생각하면서도, 당장의 금단 증상이 싫어서 뒤로 미룹니다. 그 밖에도 예는 많습니다. 업무 능력을 기르거나 인간관계를 넓히는 데 시간을 쓰고 싶지만, 막상 여유가 생기면 텔레비전이나 스마트폰 화면만 봅니다. 미래를 위한 저축의 필요성을 느끼고 있지만, 쇼핑센터 문 앞에 서면 그냥 지나치지를 못하죠.

지난 20년 동안 경제학자들은 사람들의 행동 패턴을 연구해왔습니다. 그 결과, 사람들이 꼭 자기에게 이익이 되는 행동만 하지는 않는다는 걸 알게 되었죠. 즉 인간이 항상 합리적인 존재는 아니었던 겁니다.

시장 경제가 사람들의 도덕이나 윤리관에 어떤 영향을 미친다고 생각합니까?

시장이 사람들의 마음에 나쁜 영향을 미친다는 말이 요즘 들려오긴 합니다만, 개인적으로는 이해하기 힘들군요. 오히려 18세기에는 이와 반대되는 의견이 있었습니다. 그것은 모르는 사람과 거래함으로써 미지의 사람을 믿는 법을 깨닫게 되며, 거래가 반복될수록 우리는 더 많은 사람들을 믿게 된다는 주장인데요. 이런 관점에서는 시장이 사회적 신뢰를 향상시키기 때문에 긍정적이라고 볼 수 있습니다. 물론 어느 쪽이 올바른 견해인지는 단언하기 어려워요.

윤리 규범과 준법 정신은 규제를 보완합니다. 규제가 잘 작동하더라도 그것만으로는 부족하거든요. 서로를 존중하는 것, 지키고 서 있는 경찰이 없어도 도둑질을 하지 않는 것 등은 당국이 규제한다고 되는 일이 아닙니다. 하지만 공적인 개입으로 시대에 맞는 행동 규범을 정립할 필요는 항상 있어요.

여기 재미있는 일화가 있습니다. 일찍이 미국 프린스턴 대학교에서는 토요일 밤마다 술을 진탕 마시는 문화가 유행했다고 해요. 다들 멋있다고 생각한 모양이죠? 하지만 누구도 왜 멋있는지를 명쾌하게 설명할 수 없었어요. 그렇다고 거기 있는 사람들이 모두 술을 좋아한 것도 아니었고요. 알고 보니 '다른 사람이 멋있다고 생각하니까'라는, 대학생들 사이의 동조 압력이 유일한 이유였습니다. 그것이 얼마나 바보스러운지를 밝히고 문화를 바꾸기 위해서는 어떤 계기 내지는 개입이 필요할 거예요.

장 티롤

경제학에서 중요한 것 중 하나가 경제 활동의 주체가 되는 인간에 대한 가정입니다. 예를 들어 애덤 스미스Adam Smith는 어떤 면에서 인간이 게으르다고 지적했지요. 마찬가지로 교수님은 인간을 어떻게 규정하고 있는지 궁금합니다.

20세기 경제학에서 가정하는 인간관을 한 마디로 말하면 '호모 에코노미쿠스Homo economicus'입니다. 인간은 자신의 이익을 최대한 추구하는 합리적인 존재라는 생각인데요. 이것은 인센티브에 따라 움직이는 인간을 이해할 수 있다는 면에서 편리했습니다.

하지만 이제는 수정이 필요하다고 봅니다. 호모 에코노미쿠스로는 설명할 수 없는 현상이 계속 나타나기 때문인데요. 인간이 항상 합리적인 것만은 아니라는 사실을 이해하기 위해 과거 20~30년 동안 경제학자들은 역사, 심리학, 사회학, 정치학, 법학, 심지어 인류학과 생물학까지 경제학의 영역으로 끌고 왔어요.

어떻게 보면 미루기에 대해 앞에서 언급했듯이, 인간의 태만함을 간파한 애덤 스미스의 통찰로 돌아갔다고 말할 수도 있습니다. 그는 단순한 경제학자가 아니라 사회과학자이기도 했거든요.

시장은 거울이다

◇◇◇◇◇◇◇◇◇

마지막 질문입니다. 저서 『공공선을 위한 경제학Economics for the Common Good』(국내 미출간)을 보면 "시장은 우리 영혼을 비추는 거울과 같은 것"이라는 말이 나오는데요. 사람들의 바람과 욕망이 시장에 거울처럼 비춰진다는 의미로 이해했는데, 맞나요?

그렇게 이해해도 틀리지 않아요. 시장은 좋든 나쁘든 사람들의 거울입니다. 시장은 선택지를 제시하며, 사람은 고를 수 있어요. 우리는 때로는 틀린 선택을, 때로는 올바른 선택을 내릴 테죠. 이 과정에서 자신이 어떤 사람인지가 드러납니다. 이 때문에 시장을 싫어하는 사람도 있어요. 타인에게뿐 아니라 스스로에게도 감추고 싶은 것들이 드러나기 때문이죠. 그러나 거울을 깬들 문제는 해결되지 않습니다.

시장은 우리 세상과 우리 마음을 보여줄 뿐 어떤 사회적 관계를 강화 또는 약화하지 않습니다. 문제는 시장이 아니라 우리의 지나친 욕망입니다. 예를 들어 세계 금융 위기 당시 은행이 수익성만 보고 리스크가 큰 부실 채권을 짊어진 게 문제였다고 해도 금융 시장을 없애야 하는 건 아닙니다. 금융 서비스는 개인, 기업, 정부 사이에 돈이 흐르게 함으로써 경제를 활성화시키거든요. 우리가 현명하게만 선택하고 행동하면, 금융 시장은 아주 유익합니다. 즉 모든 것이 시장 탓이라는 건 핑계입니다.

거울을 깨도, 즉 시장을 없애도 불평등 같은 비윤리적인 상황이나 범죄 행위가 사라지지 않기 때문에 교육이 필요하고 규제가 필요합니다. 교육에서는 무지의 장막이 효과적인 도구가 될 수 있습니다. 무지의 장막은 자신의 행동이 다른 사람에게 미치는 불이익에 대해 생각하게 만들기 때문이죠. 또 올바른 규제를 통해 시장이 본연의 기능을 다하도록 해야 합니다. 독점 기업이 시장 경쟁을 없애기 위해 다른 기업들을 사들이는 행위, 은행이 공공의 책임을 저버리고 리스크를 정부가 해소해줄 거라 생각하며 자산 증식에 몰두하는 행위처럼 사회를 혼란에 빠뜨리는 비도덕적인 행동들을 규제해야 합니다. 다시 한번 말하지만 우리가 해야 할 일은 거울을 깨는 것이 아닙니다. 이 점이 중요합니다.

5장

탈진실의 시대에 가치의 위기를
어떻게 극복할 것인가

마르쿠스 가브리엘

Markus Gabriel

철학으로 세상을 바꾸는 혁명가
독일 본 대학교 철학과 교수
『왜 세계는 존재하지 않는가』에서 독창적 사유를 펼쳤다

◇◇◇◇◇◇◇◇◇◇◇

　『왜 세계는 존재하지 않는가』(열린책들)라는 저서를 통해 일본에서 '신실재론New Realism' 유행을 일으킨 철학자 마르쿠스 가브리엘은 사상 최연소인 28세에 유서 깊은 본 대학교 철학과 교수가 된 '천재'다. 그는 개념의 본질을 파악하기 위해 언어의 기원을 파고드는 한편, 철학적 사색을 통해 사람들의 인식을 전환하고자 한다. 그의 실천적 사유와 자극적인 수사는 여러 분야에서 도출되는 물음들에 독특한 답을 내놓는다. 현재 자본주의와 민주주의의 위기를 동시에 겪고 있는 우리 사회는 탈진실의 문제부터 복잡다단한 인간의 욕망까지 다루는 그의 이야기에 주목해야 한다.

　　　　　　　　　　　　　　　　　　　　　　마르쿠스 가브리엘

❖ ❖ ❖

진정한 인공지능은
존재할 수 없다

◇◇◇◇◇◇◇◇◇

최근 인공지능이 인간의 지능을 넘어서는 시점, 즉 '특이점 singularity'을 둘러싼 논의가 활발합니다. 교수님은 최근 저서 『의의와 존재Sinn und Existenz』(국내 미출간)에서 디지털 사회를 비판하며 '진정한 인공지능은 존재할 수 없다'라고 주장했는데요. 기계나 로봇이 인간보다 뛰어날 수 없다는 말인가요?

그 책에서 저는 철학적 근거를 갖고 디지털 사회를 비판했습니다. 그 주요 명제 중 하나가 지적하신 '진정한 인공지능은 존재할 수 없다'는 문장입니다.

우리 인간의 사고는 인간을 인간답게 하는 것으로, 수식을 쓴 그 어떤 수단을 동원하더라도 결코 모방할 수 없는 것입니다. 다시 말해 인간 지능은 수식으로 나타낼 수 없습니다. 한편 인공지능은 수식으로 구성된 알고리즘에 따라 움직이죠. 그래서 진정한 의미의 인공지능은 존재하지 않는다고 말한 겁니다.

그러나 오늘날 사회를 기술하는 '디지털화'라는 개념은 인간의 지능을 수식화할 수 있다는 생각에 기반을 두고 있어요. 저는 그 불진실성으로 말미암아 현대 문명이 붕괴할 거라고 예측합니다.

세계적인 디지털화가 존재한다는 개념은 가짜입니다. 그것은 겉보기일 뿐이에요. 우리가 이 사실을 더 잘 이해하기 위해서는 더욱 고도화된 인간 지능이 요구됩니다.

인간의 지능이란 오랜 시간에 걸쳐 체득한 학습 형태입니다. 자연과학 신봉자들은 인간 지능도 수학적으로 표현할 수 있다고 믿지만, 오히려 그 어원을 살펴보면 수학을 뜻하는 독일어 'mathematik'은 배움 또는 배움의 대상을 뜻하는 그리스어 '마테마타mathemata'에서 유래했음을 알 수 있어요. 그 안에 숫자나 계산 같은 말은 없습니다.

마르쿠스 가브리엘

로봇은 지능적으로 생각할 수 없다고 보십니까?

인간은 새로운 감각 능력을 키울 수 있는 동물입니다. 미각을 계발해 와인이나 술의 맛을 감정하는 것처럼 말이죠. 인공지능이 학습해가는 과정도 이와 같습니다.

한편 기계를 뜻하는 독일어 'Maschine'는 도구나 방법을 뜻하는 '메하네mechane'라는 그리스어에서 왔습니다. 즉 기계와 로봇은 인간의 지능이 만들어낸 도구입니다. 그런데 그런 로봇이 인간처럼 학습하고 사고하는 감각을 가진 것처럼 보이니까 우리가 로봇에 공포나 애착을 느끼는 겁니다. 더 심하게는 로봇을 의인화해 전지전능한 존재처럼 떠받들죠.

그러나 실제로는 기계 그 자체에 지능도, 생명도 없습니다. 그것은 일정한 시간 내에서만 작동하는 전기 회로에 지나지 않아요. 기계는 인간이 쓰지 않으면 금방 망가집니다. 충전하지 않고 1년만 방치해 놓아도 스마트폰이나 컴퓨터가 쓸 수 없게 되는 것처럼요. 즉 모든 기계는 인간의 사용에 의존하고 있으며 인간 없이는 존재할 수 없습니다.

사람들을 지배하는 것은
기계의 배후에 있는 누군가다

◇◇◇◇◇◇◇◇◇

하지만 거대 IT 기업의 대두와 SNS의 보급으로 인해 인간이 기계를 지배하는 것이 아니라 도리어 지배를 받는 것처럼 느껴집니다.

우리는 기계나 SNS에 의해 제어된다고 느끼지만, 사실은 그렇지 않습니다. 실제로는 그 배후에 있는 '누군가'에 의해 제어되고 있는 거죠. 그 '누군가'는 SNS 친구이기도 하고 정보기관이기도 하며 GAFA 같은 거대 IT 기업이기도 합니다. 우리는 이들에게 제어를 당하기 위해 돈을 내서라도 어떻게든 인터넷에 연결되어 있으려고 노력합니다.

우리가 인터넷에서 쇼핑을 하거나 채팅을 할 때, 인터넷은 그것이 없었으면 보이지 않았을 상대를 드러내줍니다. 하지만 인터넷은 너무도 광활하여 상대의 존재에 대한 진실성을 미처 느낄 수 없는 공간이기도 해요. 이 때문에 우리는 모습이 보이지 않는 거대한 존재에게 위협을 받는다고 느낍니다.

'신 같으면서도 동시에 인간 같기도 한 존재.' 우리는 인터넷에 이러한 상반된 감정을 품고 있는지도 모릅니다. 하지만 그것은

마르쿠스 가브리엘

단순한 환상입니다. 인터넷상의 모든 교류와 소통의 배후에는 그 것에 관심을 두는 '누군가'가 있습니다.

오늘날 인터넷 세계는 교통 법규가 미비해서 많은 차량이 무질 서하게 달렸던, 1900년대 파리나 베를린 시내의 도로 상황과 비 슷합니다. 또 법보다는 총이 더 가까웠던 개척 시대의 미국 서부 지역과도 닮아 있습니다. 거대 IT 기업들이 캘리포니아에 모여 있 는 게 우연은 아닐 거예요. 이들은 인터넷 세계에 규제가 도입되 기 전에 조금이라도 자기 자본을 늘리느라 분주합니다.

소셜 미디어는
가장 더러운 카지노다

◇◇◇◇◇◇◇◇◇

잊어서는 안 될 사실은 우리가 이런 기업들에게 착취당하고 있 다는 점입니다. 우리는 매일 인터넷을 통해 메일을 주고받거나 뉴스를 읽거나 검색을 하거나 쇼핑을 하거나 동영상을 보거나 음 악을 듣는데, 이 모든 행위는 부가 가치를 가진 데이터를 생성한 다는 점에서 사실은 '노동'에 가깝습니다. 덕분에 수십억 달러의 돈이 캘리포니아의 계좌로 들어가게 됩니다.

소셜 미디어는 카지노와 같습니다. 사람들은 인터넷에서 글을 쓰거나 사진을 올리고 '좋아요'를 클릭함으로써 '도박'에 참여합니다. 열심히 자기 팔로워를 모으고 게시물의 클릭 수나 조회 수를 올려서 '잭팟jackpot'을 터뜨리는 사람들도 있지요. 실제로 페이스북 인플루언서, 인스타그램 스타, 유명 유튜버는 큰돈을 법니다.

하지만 가장 많은 이익을 얻는 것은 도박 참가자가 아니라 도박판의 운영 관리자입니다. 카지노에서 가장 돈을 많이 버는 사람이 카지노 주인인 것과 똑같은 이치죠. 게다가 소셜 미디어는 전 세계 어느 카지노보다도 불공평한 카지노입니다. 어떤 더러운 카지노보다 GAFA가 훨씬 더럽습니다.

소셜 미디어가 초래한
저널리즘과 민주주의 위기

◇◇◇◇◇◇◇◇◇

GAFA 등이 지배하는 가상 세계는 현실 사회와 정치에 어떤 영향을 미칩니까?

지금의 디지털 사회는 질서 없는 고속도로 같아서 언젠가 무너질 겁니다. 이미 SNS를 사용한 폭력과 범죄, 조직적 테러에 많은 사람이 희생되고 있어요. 뿐만 아니라 '민주주의의 위기'라고 일컬어지는 가치관의 붕괴도 일어나고 있습니다.

민주주의의 위기와 소셜 미디어를 별개의 것으로 보기도 하는데 사실 둘은 같은 현상입니다. 미디어가 여론을 조작하고, 그 결과 여론이 불안정해짐으로써 민주주의가 위기에 빠진다는 구도가 아니에요.

인간의 사회성은 본래 자신의 육체가 존재하는 곳과 가까운 거리에서 구축됩니다. 그런데 지금은 살아 있는 인간 대신 인간의 분신, 즉 아바타가 활동하는 완전한 가상의 글로벌 세계가 우리와 가까운 거리의 실제 세계를 파괴하고 있습니다. 이렇게 되면 실제 세계에 기반을 둔 민주주의가 위태로워집니다.

미국을 예로 들어볼까요? 미국은 땅덩어리가 워낙 넓기 때문에 처음에 SNS는 멀리 떨어진 가족이나 친구, 지인끼리 가볍게 연락을 주고받는 편리한 수단으로 쓰였어요. 그런데 지금은 모르는 상대와 이야기를 주고받으며 관계를 맺는 수단이기도 해요. 문제는 사람들이 이 가상의 커뮤니케이션에 점점 더 많은 시간을 쓰는 반면에 얼굴이 보이는 주변 사람과의 진정한 커뮤니케이션은 거의 하지 않는다는 점이죠. 이것은 나가서 진짜 사람들하고 노는 대신 하루 종일 비디오 게임만 하는 것하고 비슷해요. 가까운 사람과의 커뮤니케이션 수단으로 보급된 소셜 미디어가 오히려 그것을 파괴하고 있습니다.

인터넷이 민주주의를 붕괴시킨다는 말인가요?

그렇습니다. 우리가 많은 시간을 보내는 인터넷은, 결코 정치적으로 중립적인 플랫폼이 아니거든요. 사실은 보이지 않는 그림자가 인터넷을 지배하고 있어요. 예를 들어 검색 엔진만 봐도 지금은 구글의 독무대잖아요?

인터넷에서 충분한 정보를 얻었다는 느낌은 완전히 착각이에요. 아침에 트럼프가 우산을 들었는지 들지 않았는지, 누구를 해고했는지 같은 인터넷 기사를 몇 분 훑어보고 나서 충분하다고 생각하는 순간, 진실은 가려집니다. 사실 우리는 소설을, 드라마를 본 것일지도 몰라요.

이처럼 인터넷과 소셜 미디어를 통해 확산되는 뉴스들은 그 내용이 매우 표면적입니다. 트럼프에 관해서도 우리는 그의 언행의 표면만 알 수 있을 뿐이죠. '메이 수상의 댄스 스텝'이나 '융커 집행위원장의 아이러니' 같은 제목의 기사도 마찬가지입니다. 진정한 저널리즘이란 쉬이 보이지 않는 진실을 백일하에 밝혀내는 것인데 지금은 비판적이지 않은 저널리즘이 횡행하고 있습니다.

이것이 인터넷 사회가 낳은 저널리즘의 위기입니다. 트럼프나 시진핑 같은 사람들이 언론에 비판적이어서 그런 말이 나오는 게 아니에요. 그리고 저널리즘의 위기는 곧 민주주의의 위기이기도 합니다. 저널리즘의 힘을 통해 진실을 규명하려는 자세가 실종된 민주주의는 이미 민주주의로서 기능하지 않기 때문입니다.

정리하면, 인터넷에서 뉴스를 읽거나 메일을 보내는 '노동'이 배후에 숨어 보이지 않는 '누군가'에게 저널리즘을 위기에 빠뜨리는 원동력으로 이용되며, 우리는 이 모든 사실을 알아차리지 못하고 충분한 정보를 얻었다며 좋아합니다. 이러한 구조가 현대 사회를 위태롭게 하고 있어요.

진실이 존재하지 않는다는 완벽한 속임수

◇◇◇◇◇◇◇◇◇

가짜 뉴스가 만연하여 탈진실post truth**9**이 일어나고 있는 상황을 어떻게 생각합니까?

우리는 사실과 진실을 알기 어렵다고 생각하는데, 그것이야말

---

9 사실을 경시하는 사회의 풍조. 즉 객관적인 사실이 아니더라도 개개인의 감정에 호소하는 힘이 큰 주장이나 정보가 여론 형성에 강한 영향력을 미치는 상황을 말한다.

로 탈진실을 만들어내는 원인입니다. 물론 진실을 규명하는 일은 어렵습니다. 전략적으로 진실을 숨기려고 하는 사람이 있기 때문이죠. 그러나 설령 그러한 상황에 있더라도 '진실은 존재하지 않는다'고 단정 짓는 것은 잘못되었습니다.

오늘날 정치는 탈진실로 신음하고 있습니다. 원래 민주주의 시스템은 '재화나 특권 등의 분배가 실현 가능하다고 믿으며, 그 실현 방안을 논의로 정하는 것'입니다. 하지만 현실에서 민주주의는 이렇게 작동하지 않죠. 따라서 가치의 분배에 불만을 가진 사람들이 항의하거나 봉기할 수 있는데, 그런 상황을 막기 위해 의사 결정을 '숨길' 스토리가 필요합니다. 그것이 바로 탈진실입니다. 객관적인 사실보다 주관적인 감정에 호소함으로써 본질을 흐리는 일종의 속임수죠.

이것은 다른 의미로 '완벽한' 속임수이기도 합니다. 거짓은 진실을 전제로 하므로 '진실은 존재하지 않는다'는 말은 '속임수도 존재하지 않는다'라는 말이 되거든요. 덕분에 정치인들은 마음껏 거짓말을 하고 의도적으로 사실을 왜곡합니다.

마르쿠스 가브리엘

앎의 가치를 잃으면
모든 것을 잃는다

◇◇◇◇◇◇◇◇◇

탈진실이란 지식보다도 의견이 중시되는 새로운 흐름입니다. 철학에서 지식과 의견은 간단하게 구별되는데요. 예를 들어 제 자신이 지금 아들론 호텔에 있다는 사실은 지식입니다. 한편 저는 독일의 호르스트 제호퍼Horst Seehofer 내무장관이 지금 뮌헨에 있다고 생각하는데, 이것은 의견입니다. 둘의 명백한 차이는 무엇일까요? 지식은 사실을 기반으로 하지만 의견은 그렇지 않습니다. 그리고 탈진실의 시대에 우리가 인터넷상에서 보는 정보 대부분은 전자가 아니라 후자입니다.

오늘날 사회 곳곳에서 '우리는 아무것도 모른다'라는 메시지가 메아리칩니다. 이것은 영화《매트릭스》의 주제이기도 한데요. 생각해보니 그 영화 중 "인생이란 환각에 지나지 않지만, 당신들은 그것조차 모른다"는 내용의 대사도 있었어요. 이런 메시지가 대중문화에서만 들려오는 건 아닙니다. 신경과학이나 로봇·인공지능 연구, 커뮤니케이션학, 포스트구조주의 문학 이론 등의 학문 분야에서도 우리에게 '컴퓨터가 인간의 지능을 넘어설지도 모른다' '인문학은 실체가 없는 환상에 불과하다' 같은 메시지를 계속 보내옵니다. 문제는 이것이 '앎의 가치'에 타격을 주고 있다는 점입니다.

'앎의 가치'는 결코 공격 대상이어서는 안 됩니다. 그렇게 되면 모든 것을 잃고 말아요. 민주주의가 기능하려면 진실이 중요하며, 지식 없이는 진실을 검증하고 파악하는 것이 불가능합니다.

사회 구성원이 각자의 이익만 추구하면 사회는 안정될 수가 없습니다. 그것은 '만인에 대한 만인의 투쟁'[10] 상태입니다. 우리는 '국가'라는 개념으로 그것을 극복할 수 있었어요. 하지만 지금 사회는 탈진실로 인해 만인에 대한 만인의 투쟁이 펼쳐지는 '자연 상태'로 되돌아가고 말았습니다.

자연주의와
포스트구조주의가 만든 탈진실

◇◇◇◇◇◇◇◇◇

철학적인 관점에서 탈진실은 무엇입니까?

오늘날 탈진실은 정치권에서 자주 언급되는데요. 철학자로서

---

10 17세기 영국의 철학자 토머스 홉스(Thomas Hobbes)가 주장했다. 그는 국가 등의 권력이 존재하지 않는 자연 상태에서는 '만인에 대한 만인의 투쟁'이 펼쳐진다고 주장하며 자연 상태를 극복하는 장치로 사회 계약설에 따른 국가론을 주장했다.

마르쿠스 가브리엘

저는 탈진실이 '포스트구조주의에 따른 포스트마르크스주의적인 사회 비판'과 '자연주의로의 이행'이 합쳐진 결과라고 봅니다.

1960년대 후반에서 1970년대 후반에 걸쳐 프랑스에서 활발하게 논의되었던 포스트구조주의는 마르크스 이상으로 마르크스주의를 지키려는 시도였습니다. 하지만 그 자체는 자본주의의 취약화를 노리는 좌파의 단순한 환상에 지나지 않았죠.

한편 자본주의는 자본주의에 대한 비판을 학습하며 발전했습니다. 한 예로 독일에서 등장한 사회민주주의가 대표적입니다. 독일 우파 일부는 자본주의에 대한 비판 세력의 이론을 채택함으로써 자본주의를 개선하는 방식을 선택했는데요. 왜냐하면 포스트마르크스주의는 자본주의의 취약화를 노리고서 노동 구조에 관해 상세한 연구를 많이 했는데, 도리어 이 연구가 자본주의 발전에 도움이 되었기 때문입니다.

이처럼 포스트구조주의는 우파가 좌파 사상을 답습하는 상황을 간접적으로 마련했습니다. 그리고 '진실은 존재하지 않는다. 사회가 있을 뿐이다'와 같은 포스트구조주의는 사실과 진실을 추구하는 지적 노력에 타격을 가했습니다. 이런 의미에서 트럼프는 프랑스의 사회학자 장 보드리야르Jean Baudrillard가 말한 '하이퍼리얼리티hyper-reality(초현실)', 즉 진짜 세계와 구분되지 않는 허구의 세계를 체현했습니다. 오늘날의 세계는 진짜 현실과 허구가 구분

되지 않습니다.

여기에 더해 자연주의가 있습니다. 자연주의란 모든 앎은 자연과학적 탐구를 통해 가능하다고 여기는 사고방식입니다. 다시 말해, 모든 앎은 자연과학적인 앎이라는 뜻인데요. 자연주의는 실제 현실이란 우리 뇌 속에서 펼쳐진다는 생각으로 발전했어요. 그러나 이것은 속임수입니다. 자연주의는 이미 우리에게 일상적인 앎이 있다는 전제를 벗어났어요.

자연주의가 말하는 '모든 앎이란 자연과학적인 앎이다'라는 사고방식은 완전히 난센스입니다. 저는 당신에게 의식이 있다고 알고 있지만, 이 사실을 자연과학적인 검사를 통해 알아낸 건 아닙니다. 애당초 당신에게 뇌가 있다고 생각하는 것은 제 착각일 수 있습니다. 제 눈에는 인간으로 보이지만, 사실 당신은 인간을 닮은 정교한 로봇일 수 있어요. 그렇다면 우선은 자연과학적인 검사를 통해 당신에게 뇌가 있는지, 당신에게 의식이 있는지 확인해야만 합니다. 하지만 의식이 있다고 하기 위한 생물학 지식과 여러 필수 조건들에 대해 우리는 아직 충분히 알지 못해요.

그런데도 많은 사람들은 '현대 문명이 자연과학적인 앎을 기초로 형성되어야만 한다'고 생각합니다. 그 결과 개인의 의견이나 소셜 미디어 뉴스 등에 대한 분석은 불필요한 것이 되었습니다. 연구 자금은 수학, 정보과학, 자연과학, 공학 같은 분야로 집중되고 있어요. 또 사람들은 로봇과 자율주행차량 개발에 환호하지만 인문학이나 사회학의 말에는 눈길조차 주지 않아요.

자연주의와
종교가 지배하는 미국

◇◇◇◇◇◇◇◇

트럼프 대통령과 미국에 대해서 좀 더 구체적으로 말씀해주시겠어요?

지금 미국에는 두 종류의 이데올로기밖에 없어요. 바로 자연주의와 종교인데요. 트럼프는 그 둘을 완벽하게 구현한 사람이에요. 먼저, 그는 기독교 원리주의자(근본주의자)입니다. 또 진화론을 부정하고 우주는 신에 의해 창조되었다고 믿는 창조론자입니다.

의외라고 생각할지도 모르지만, 기독교는 유물론적 자연관과 이어져 있습니다. 이것은 막스 베버Max Weber가 말한 세계의 '탈주술화Entzauberung'라는 명제를 떠올리게 합니다. 기독교를 포함한 유일신 종교에서는 오직 신만이 불가사의한 힘을 지녔다고 가르칩니다. 신이 우주를 창조했으며 그 안에서 벌어지는 모든 일들은 신이 만든 자연법칙에 따라 일어난다고요. 고전적인 자연주의는 '신'과 '세계' 사이에 큰 질적 차이가 있다고 주장하고, 현대의 자연주의는 '신은 이제 존재하지 않는다. 대신에 세계만이 존재한다'라고 주장하지만, 둘은 근본적으로 같은 선상에 있는 이데올로기입니다. 다시 말해 전자는 신을, 후자는 세계 자체를 자연주의에 입각해 고찰하고자 했습니다.

신이 세계를 창조했다는 말은 완전히 틀린 주장입니다. 이러한 입장 위에서는 세계를 이해할 수 없어요. 미국 문화는 이렇게 틀린 자연관을 바탕으로 합니다.

왜 그렇게 되었는지 원인은 분명합니다. 미국의 청교도 문화는 아메리카 원주민을 무자비하게 학살하면서 시작했습니다. 원주민은 완전히 다른 자연관을 갖고 있었습니다. 그들은 땅을 어머니로, 모든 동식물을 형제로 봤어요. 하지만 그들의 의미 있고 아름다운 자연관은 철저히 파괴되었고, 공허하고 어두운 유물론적 자연관만이 남았죠. 예를 들면 그랜드캐니언이 그 모델입니다.

미국인에게 현실이란 그랜드캐니언 같은, 이른바 '의미 없는 거대한 구멍'과 같습니다. 자연주의적 자연관이 허무주의nihilism(니힐리즘)로 이어지는 겁니다. 미국인의 행동 패턴은 이러한 '의미 없는 구멍'에 무언가 '의미'를 부여하기 위해 전력을 다하는 것입니다.

미국 문화는 일반적인 이미지보다 훨씬 종교색이 강하고, 그 정치 형태도 기독교 원리주의의 영향을 강하게 받고 있습니다. 제가

마르쿠스 가브리엘

볼 때는 미국이나 이슬람 원리주의 아래 있는 이란이나 비슷해요.

시장에서 경쟁력이 있으려면 인건비를 줄이기 위해 새로운 기계를 만들어내야 하고 그러려면 학문상 발견, 즉 지식이 필요합니다. 이런 의미에서 학문과 기술은 이어져 있는 셈인데요. 학문상의 공적에 의해 새로운 기계가 만들어지고 이것이 경제를 위해 쓰입니다.

경제 활동의 존속과 제조 합리화를 목적으로 지식이 연구되는 셈인데요. 이때 가격으로는 나타낼 수 없는 다른 형태의 앎이 존재한다는 사실이 간과되고 있습니다. 가격으로는 나타낼 수 없는 앎이란, 우리들의 실제 체험입니다.

인간의 자유와 우연을
파괴하는 자연주의

◇◇◇◇◇◇◇◇◇

예술 작품을 감상하거나 가족 또는 친구와 와인을 마시며 즐거운 시간을 보낼 때, 이런 체험은 현실 세계에 엄연히 존재하는 것이지만 거기에 가격을 매길 수는 없습니다. 그것은 자유와 우연으로 인한 것이기 때문입니다.

한편 경제에서 가정하는 세계란 계산 가능하고 예측 가능한 세계입니다. 그곳에서 사람들은 합리성을 추구하고 기업은 계속 성장하며, 수학이 모든 것을 말해줍니다. 이런 세계는 자연과학적인 앎이 세운 '모델'을 따르지 않는 한 기능하지 않습니다.

그러나 모든 것이 시스템에 종속된다면 모든 것을 인간의 손으로 만들어내려고 하는 행위로 인해 자유와 우연이 완전히 파괴됩니다. 이것은 우연히 무언가를 경험하거나 무언가를 보고 아름답다고 체험하는 것을 인위적으로 조작하고 관리하려는 시도와 다름없습니다.

예를 들어 텔레비전 드라마를 시청하는 것과 고전 소설을 읽는 것은 모두 만족감을 줍니다. 하지만 드라마는 보는 즉시 만족감을 주는 상품입니다. 그에 비해 고전 소설은 읽는 데 시간이 오래 걸립니다. 하지만 그만큼 자유와 우연을 향유할 수 있다는 점에서 곧바로 얻는 만족감과는 질적으로 큰 차이가 있는 만족감을 선사하죠.

자연주의가 사회에 위험한 이유는 그 세계관이 자유나 우연의 입지를 위태롭게 하기 때문입니다. 자연주의적 세계관에서 자유는 찾아볼 수 없습니다. 우연은 양자론에서 말하는 소립자 수준에서나 존재합니다. 자연주의는 우리 인간을 이해하지 못한 사고

마르쿠스 가브리엘

방식입니다.

실생활에서 일어나는 우리의 체험을 자연주의는 고찰 대상으로 삼지 않았습니다. 그 체험을 자연과학적으로 탐구하려면, 그림을 보고 감동하거나 친구와 즐겁게 시간을 보내는 중에 우리 뇌에 전극을 꽂고 뇌파나 영상을 확인해야 합니다. 하지만 현실에서 인간의 경험이란 그렇게 시각화해서 측정한 것 이상입니다.

예를 들어 세 살 난 딸이 "숫자 3이 뭐야?" 하고 묻는다면 저는 손가락 세 개를 펴서 보여줄 겁니다. 그럼 딸은 "아, 그렇구나. 하나, 둘, 셋. 이게 3이구나"라고 대답할 거예요. 하지만 자연주의의 관점에서 보면 제 손가락 세 개는 '3'이 아닙니다. 세포, 소립자, 에너지 같은 이야기로 흘러가죠. 그러나 '세 개의 손가락'이 제게 의미하는 내용, 예를 들어 세 살 난 딸에게 나이를 가르쳐주었을 때의 추억 등은 현상을 구성 요소로 쪼개서 분석하는 방법으로 탐구할 수 있는 대상이 아닙니다.

어떠한 현상을 자연과학적으로 탐구한다는 건 잘게 분해한다는 말과 같습니다. 실험이란 어떤 측면에선 파괴하는 행위입니다. 대형 하드론 충돌형 가속기Large Hadron Collider, LHC 안에서는 항상 물체가 기본 입자 수준으로 잘게 파괴됩니다. 그러나 현실은 그렇게 분해할 수 있는 성질의 것이 아닙니다. 현실은 '상황'이라는 큰 틀 안에서 성립하기 때문입니다.

사고방식을 바꿈으로써
사회를 변혁한다

<>◇◇◇◇◇◇◇◇◇

자연주의가 경제와 밀접하게 관계를 맺는 현대에 인간은 자신
을 지키기 위해 무엇을 해야 합니까?

철학의 관점에서 말하면 우선 개념에 신경 쓰라고 조언하고 싶
군요. 특히 자연주의에서 '사실을 가리려고 사용하는 단어'들의
진정한 의미를 제대로 파악해야 합니다. 이것은 철학의 역할이기
도 합니다.

예를 들어 '포퓰리즘Populism(대중주의)'이라는 단어가 있습니다.
이 단어가 '뭔가 위험하다'고 생각하면서도 진짜 의미를 이해하는
사람은 거의 없습니다. 이 단어는 사실 키워드이지 개념이 아닙
니다. 참고로 개념과 키워드는 달라요. 개념은 진실에 가깝고, 키
워드는 무기 같은 겁니다. 정치 토론을 보면 이런 키워드들이 상
대를 공격하거나 비방하는 데 쓰입니다. 하지만 토론의 궁극적인
목적은 평화를 만들어내는 거예요. 따라서 개념을 잘 이해해서
진실에 다가가려고 노력하는 게 첫걸음이 되어야 합니다.

철학은 사고방식을 바꿈으로써 현실을 바꿉니다. 특히 우리는
같은 현상을 다른 각도에서 보고 파악하는 방법을 배워야 합니

마르쿠스 가브리엘

다. 눈에 보이는 대로, 귀에 들리는 대로 현실을 인식하다간 세간에 떠도는 이데올로기의 희생양이 되고 말 거예요.

표면적인 이데올로기의 진정한 의미를 알기 위해서는 변증법이 효과적일 수 있습니다. 어떤 '예측'에 대해 우선은 반대 방향에서 살펴보세요. 처음에는 보이지 않았던 다른 측면이 보일지도 모릅니다. 그렇게 '진실이라고 굳게 믿는 것'의 숨겨진 일면을 탐색해야 합니다.

트럼프를 예로 들어볼까요? 이 내용을 설명하는 데 트럼프만큼 완벽한 소재는 없거든요.

글로벌 자본주의를 대표하는 존재가 백악관에 앉아 있습니다. 덕분에 미국 경제는 잘 굴러가고 있지요. 트럼프는 세계적인 스타입니다. 전 세계 미디어가 앞다퉈 연일 트럼프에 관한 뉴스들을 송출하는 가운데 우리는 트럼프라는 인물을 충분히 아는 듯한 느낌을 받습니다.

그러나 그 뉴스 대부분이 정말인지 고개를 갸웃하게 만드는 정보들입니다. 트럼프는 제대로 일을 하고 대통령직을 수행하고 있는데, 매일 귀에 들리는 뉴스는 '트럼프는 정치를 하지 않는다' '트럼프는 골프 삼매경에 햄버거를 먹으며 텔레비전을 보고 있다'라고 말합니다. 하지만 그건 사실이 아닙니다. 실제로 그런 일은 있을 수 없어요.

흥미로운 사실은 대통령 자신이 이런 얼토당토않는 이야기들을 사람들이 진실이라고 믿기를 바란다는 점입니다. 미국에서는 아무도 정치를 하지 않는다고 생각하게 만드는 거죠.

사물의 본질과 표면은 같지 않습니다. 표면에서는 '놀고먹는 트럼프'가 우리에게 보입니다. 하지만 다른 관점에서 보면 백악관이 의도적으로 그런 이미지를 심으려고 한다는 걸 알 수 있습니다. 이런 사고가 바로 변증법입니다. 그러므로 정보를 곧이곧대로 받아들여서는 안 됩니다.

마르크스는 서재에서
세계를 바꾸었다

◇◇◇◇◇◇◇◇◇

이러한 상황에서 철학의 역할은 무엇일까요?

지난 역사를 돌이켜보면, 모든 것은 하나의 '아이디어'에서 시작했습니다. 마르크스의 '만국의 노동자여, 단결하라'는 말은 너무나 유명하지만, 실제로 그는 광장에서 돌을 던지는 대신 런던에서 책을 썼습니다. 하지만 그의 '아이디어'는 아주 강한 힘을 가졌기 때문에 세계 곳곳에서 공산주의 국가들이 세워질 수 있었습

마르쿠스 가브리엘

니다.

마르크스는 "철학자들은 지금까지 세계를 '해석'한 것에 지나지 않는다. 중요한 것은 그것을 '변혁'하는 일이다"라고 말했습니다. 그리고 아이디어의 힘을 몸소 보여줬습니다. 오늘날 많은 정치사상, 예를 들어 사회주의나 독일의 기독교 민주주의, 자유 민주주의 등이 모두 19세기에 탄생했고 그 위에서 실제 정치가 이뤄졌습니다. 오늘날의 정보화 시대에는 아이디어가 특히 더 큰 힘을 가집니다.

저는 철학자로서 진실이 어디에서 오는지 규명하는 일이 중요하다고 생각하며 또 그렇게 할 수 있기를 바랍니다. 진실에서부터 '나'라는 정체성이 생겨나고, 그래야 희망이란 걸 가질 수 있거든요. 이것이 사회에서 철학이 맡은 역할이라고 생각합니다.

예를 들어 이탈리아의 철학자 마우리치오 페라리스[Maurizio Ferraris]는 "소셜 미디어는 공산주의의 궁극적인 승리다. 왜냐하면 만인이 민중의 노동에 의존하기 때문이다"라고 말합니다. 여기서 '민중의 노동'이란 클릭 수, 조회 수, '좋아요'를 말하죠. 소셜 미디어는 노동자(프롤레타리아)에 대한 디지털 독재인 셈입니다. 저는 그의 주장에 완전히 동의하지 않지만 지금까지 없었던 새로운 관점을 제시한다는 점에서 상당히 흥미로운 가설이라고 생각합니다. 이처럼 철학은 새로운 아이디어를 사회에 공급해줍니다.

신실재론이란

◇◇◇◇◇◇◇◇◇

저는 제 철학을, 철학을 근본적으로 '개혁'하자는 마음을 담아 '신新실재론(새로운 리얼리즘)'이라고 부릅니다. 이것은 지금껏 다른 사람이 생각하지 못한 추정과 가설을 바탕으로, 신자유주의적 자본주의라는 병리에서 탈피하는 것을 목표로 하는 철학입니다.

오늘날 우리는 인간적인 삶이 완전히 파괴될 위기에 직면해 있습니다. 100년 넘게 위험한 상태가 이어지고 있어요. 현재의 소비문화를 앞으로도 계속 이어나가기란 불가능합니다. 커피와 빨대, 자동차와 휴대전화 등을 100억 명이 모두 원한다면 지구가 남아나겠습니까? 현 사회 모델이 지속 가능한 것이 아니라는 사실은 누구나 알고 있습니다.

또 하나 우리가 잊어서는 안 될 것이 과거 두 번의 세계대전입니다. 이때 매우 많은 '자연과학적 실험'이 이루어졌어요. 독일은 강제 수용소에서 많은 생체 실험을 했고, 미국은 일본에 원자 폭탄을 떨어뜨렸습니다. 전쟁은 자연과학을 크게 진보시켰습니다.

현대의 자연과학은 군사 분야의 기술 연구에 상당 부분 의존하고 있습니다. 인터넷도 본래는 군사적 용도로 개발된 것입니다. 지금이야 정보 전달 수단으로 전 세계에 널리 보급되어 있지만, 관찰과 예측을 위한 '무기'로 악용될 속성은 언제든 드러날 수 있

마르쿠스 가브리엘

습니다.

다시 말해 자연주의와 과학기술은 우주의 구조를 해명한다는 지적 목적으로만 사용된 것이 아니라 정치 및 경제 권력을 얻기 위한 투쟁에도 사용되어왔습니다. 정작 과학자들만 이 사실을 깨닫지 못했어요. 그들은 인문학자나 사회학자의 말에 전혀 귀를 기울이지 않았습니다. 덕분에 자본주의와 과학의 완벽한 협업이 가능했죠.

그러나 핵전쟁이라는 과거의 위협이 사라진 자리에 인공지능이라는 새로운 위협이 부상하면서, 사람들이 철학자에게 의견을 구하기 시작했습니다. 그 배경에는 인공지능이 모든 것을 파괴하리라는 불안이 있습니다. 인공지능이 삶을 위협하는 무기가 되지 않으려면, 어떻게 해야 할까요?

이때도 정치인들은 철학에게 윤리 문제에 대해서만 말하라고 요구합니다. 철학이 뭔가를 바꾸는 건 싫고, 그저 인공지능에 대처할 방법만 제시하라는 건데요. 진정 미래가 걱정된다면 인공지능이란 무엇인지 그 존재의 의미부터 파악하는 게 우선입니다.

그리고 철학은 윤리보다 더 포괄적인 학문입니다. 뿐만 아니라 자연과학과 마찬가지로 철학도 이론에 근거를 요구하고, 근거를 제시함으로써 정당성을 확보하고, 더 나은 근거를 갖고 반박하는 학문입니다. 그러나 자연주의는 '진정한 앎이란 자연과학적인 앎'

이라고 주장하며 '철학적인 앎'을 부정합니다.

철학이라는 학문은 존재하며 '철학적인 앎' 또한 존재합니다. 제 목표는 이 사실을 사람들에게 상기시키는 거예요.

우리에게는 자유가 있다

◇◇◇◇◇◇◇◇◇

자유에 관해 묻겠습니다. 자유에는 어떠한 철학적 의미가 있습니까?

'자유'는 '신실재론'에서 중요하게 다루는 개념 중 하나입니다. 신실재론에서 자유는 '자기 결정'을 의미합니다. 우리는 인간이란 무엇인가 하는 '이미지' 안에서 행동합니다. 그리고 그 이미지에 의해 자기의식이 생겨나죠. 이른바 '가치관'도 자기 자신이나 타인에 대한 이미지 안에서 형성됩니다. 즉 인간은 이미지 안에 존재한다고 말할 수 있습니다. 그리고 자유란 이미지를 만들어내고 그것을 바탕으로 행동하는 능력을 말합니다. 그것이 자기 결정입니다.

우리는 자유를 누릴 방법을 발견해야 하며, 또 미래 세대에게 자유가 보장되는 길로 나아가야 합니다. 예를 들어 지금 우리에겐 언제든지 비행기를 탈 수 있는 행위의 자유가 있습니다. 그런데 이 이동 수단이 사실은 자유를 박탈하고 있어요. 왜냐하면 비행기는 환경을 파괴하기 때문입니다. 환경이 파괴되면 인간은 존재할 수 없으며, 존재할 수 없다면 자유도 없을 테니까요.

우리는 항상 자유를 손에 쥐고 있습니다. 무언가를 할 때, 거기에는 자유가 있습니다. 감옥에 들어가는 것이 괴로운 것은 자유를 없애기 때문이 아니라 자유를 제한받거나 일부 빼앗기기 때문입니다. 수감자는 여전히 감옥 속에서 생활함으로써 범죄자라는 이미지 안에서 행동합니다.

하지만 우리는 '자유가 없다'고 생각합니다. 뇌나 유전자가 의사 결정을 조종하는 것 아니냐는 거죠. 그러나 신실재론은 '자유가 있다'고 말합니다. 이 생각은 '새로운 실존주의'라고도 볼 수 있어요. 프랑스 철학자 장 폴 사르트르^{Jean Paul Sartre}가 말했듯이 '인간은 자유의 형에 처해' 있습니다. 즉 인간이란 본질적으로 자유로운 존재입니다.

❖ ❖ ❖

에필로그

　지금까지 우리는 역사, 경영, 경제, 철학 등 각 분야의 세계 석학 다섯 명과 함께 세계 경제와 자본주의에 관한 이야기를 나누었다. 유발 하라리는 현대의 자본주의가 종교와 같다고 일침하며, 이대로 가다가는 감시 자본주의를 피할 수 없음을 경고한다. 스콧 갤러웨이는 GAFA가 모든 것을 독식하는 현 상황을 비판적으로 분석한다. 그 문제의 해결책으로 암호화폐가 유효하다는 찰스 호스킨슨의 혁명적 주장이 뒤를 잇는다. 하지만 장 티롤은 암호화폐는 실패할 것이라고 전망하며, 시장을 국가에 의한 수정에 맡겨야 한다고 말한다. 나아가 마르쿠스 가브리엘은 자연주의에 기초한 자본주의와 경제의 협력이 민주주의까지 파괴할 수 있음을 언급한다. 이 릴레이의 끝에서, 〈욕망의 자본주의〉 시리즈 기획자로서 한발 더 나아간 과제를 여러분과 공유하고자 한다.

욕망을 가로막는 장애를
용인할 수 없는 세대

◇◇◇◇◇◇◇◇

현세대는 자신의 욕구가 방해받는 것을 아주 싫어한다. 눈앞의 욕망에 제한을 가하는 행위를 참지 못하며 경제적 필요에 굴복당하는 것도 용납하지 못한다. 물질적인 풍요로움과 욕망에 관해서는 현세대도 이전 세대와 별반 다를 바 없지만, 현세대는 욕망의 실현을 방해하는 장애물이나 다른 목적과의 충돌을 절대 용인하지 않는다는 점에서 분명히 다르다.

여기서 '현세대'는 어느 세대일까? '유토리ゆとり 세대'나 '사토리さとり 세대'를 가리키는 걸까? 아니면 '단카이團塊 세대'를 말하는 걸까? 범인을 찾기 전에 다시 위 문장을 차분하게 읽어보길 바란다. 혹시 현대를 살아가는 모든 사람이라고 느껴지지는 않는가?

하지만 이 글은 하이에크가 지금으로부터 70년도 전에, 제2차 세계대전이 한창일 때 쓴 『노예의 길』에서 발췌한 것이다. 당시 『노예의 길』은 전시에 미국인들이 현실에 대한 불안 때문에 사회주의로 혹은 파시즘으로 기울려는 상황에서 큰 경종을 울렸다.

하이에크라고 하면 '신자유주의'의 이론적 지주를 제공한 경제학자, 노벨상을 받은 대학자라는 소개가 일반적이다. 1980년대에, 미국 대통령인 로널드 레이건Ronald Reagan과 함께 신자유주의 노선을 추구한 영국 총리 마거릿 대처는 하이에크의 저서를 성경처럼 가방에 넣고 다녔다고 하지 않는가.

'욕망의 실현을 방해하는 장애물이나 다른 목적과의 충돌을 절대 용인하지 않는' 사람들이 전쟁 후 실현한 풍요로움은, 오늘날 현대 IT 기술의 괄목할 만한 발전으로 인해 대량으로 만들어지고 있다. 이곳에서 다시 '자유'란, 그리고 그 자유를 놓지 않는 데 필요한 '시장'이란, 나아가 시장에서의 '개인'이란 무엇인가?

자율과 질서의 딜레마: 시장을 둘러싼 명제

◇◇◇◇◇◇◇◇◇

그렇다면 하이에크가 던지는 시장, 자유, 개인이란 무엇일까? 이 문제는 자율과 질서 간의 대립 구도와도 겹쳐서 볼 수 있다. 그 앞에는 '모든 사람이 개개인의 자율성을 토대로 살아간다면 어떻게 해서 사회 질서가 유지되는가?' 하는 질문이 우리를 기다

린다. 이해하기 쉽도록 현실 세계의 비유를 들어보면, '조직이라는 존재조차 그 윤곽이 흐려지고 있는 현대 사회에 어떤 자율적인 질서가 유지될 수 있는가?'라고 바꿔 말할 수 있다.

그렇다고 하더라도 이것은 실로 어려운 주제다. 애당초 '자율성'이란 무엇인지 정체가 불분명하기 때문이다. 먼저 이 개념의 사전적 정의를 살펴보자. 다음은 일본 산세이도三省堂 출판사에서 만든 국어사전 『다이지린大辞林』 제3판을 인용했다.

자율自律

① 다른 것으로부터 지배나 조력을 받지 않고 자신의 행동을 자신이 세운 규율에 따라 올바르게 규제하는 것.
② 칸트 윤리학의 중심 개념. 독일어로는 'Autonomie.' 자신의 욕망과 타인의 명령에 의존하지 않고 자기 자신의 의지로 객관적인 도덕 법칙을 세워 이를 따르는 것. ⇔ 타율 [(일본어에서) 동음이의어인 '자립'은 다른 것의 도움이나 지배 없이 혼자서 하는 것이나, '자율'은 자신이 세운 규율에 따라 스스로 행동을 규제하는 것을 말한다.]

철학 토론을 하려는 게 아니다. ①의 정의에 따라 '만일 내일부터 사무실이 없어진다면 개인, 조직, 사회는 어떻게 될 것인가?'

하는 문제를 한번 생각해보자. 이것은 '사무실이라는 존재로부터 지배나 조력을 받지 않고 모든 사람이 자신의 업무를 자신이 세운 규율에 따라 올바르게 규제하게 되었을 때, 경제와 사회의 질서는 유지되는가?'라는 질문이 된다.

여기서 '사무실'이라는 물리적인 존재가 생각의 도마 위에 놓인다. 사람은 무엇을 위해 회사라는 장소를 만드는가? 왜 우리는 로빈슨 크루소처럼 혼자 자급자족하지 않고 사무실에 모여 일을 하려 하는가? 물론 애덤 스미스의 '보이지 않는 손invisible hand'까지 거슬러 올라가는 방법도 있지만, 여기서는 그로부터 1세기 이상 늦게 등장한 한 프랑스 사회학자의 이야기에 귀를 기울이기로 한다.

사회적 '분업'이란: 뒤르켐의 연대에 대하어

◇◇◇◇◇◇◇◇◇

분업에서 가장 주목해야 할 효과는 분할된 여러 기능의 효율을 높이는 것이 아니라 이들 기능을 연대하는 것이다. 분업의 역할은 위의 모든 경우에서 단지 기존의 사회를 미화하거나 개량하는 것이 아니다. 여러 기능의 연대가 없으면 존재할 수 없는 사회를 가능케 하는 것이다.

_ 에밀 뒤르켐, 『사회분업론』

이것은 프랑스의 사회학자 에밀 뒤르켐^{Émile Durkheim}이 1893년에 쓴 『사회분업론』에서 일부 발췌한 것이다. 그는 독일의 막스 베버와 함께 사회학의 거인으로 칭송받는다. 이 '여러 기능의 연대'에 대해 구체적이고 인간미 넘치는 설명을 더 들어보자.

우리는 단순히 우리와 다른 성질을 타인 속에서 발견했다고 해서 기뻐하지 않는다. 낭비벽이 있는 사람은 구두쇠와 어울리려고 하지 않고, 공명하고 정직한 인물은 위선자나 음험한 자를 동료로 두지 않는다. 친절하고 온화한 마음에 냉혹하고 심보가 고약한 기질은 맞지 않는다. 그러므로 이렇듯 서로 끌어당기는 다름은 특정한 것에 한정된다. 그것은 대립하고 배척하는 것이 아니라 서로 보충하는 다름이다. (중략) 추리적이고 세밀한 정신을 가진 이론가는 솔직한 감각과 빠른 직관을 가진 실천가보다, 겁이 많은 사람은 과감한 사람보다, 약자는 강자보다, 나아가 그 반대도 마찬가지로 서로 특별한 공감을 품는 일이 자주 있다. 우리는 아무리 천운을 누려도 항상 무언가가 결여되어 있고, 우리 중에 가장 뛰어나다고 하더라도 스스로 부족을 느낀다.

_ 에밀 뒤르켐, 『사회분업론』

이어서 뒤르켐은 '각자가 자신의 성격에 맞는 역할을 가지고 진정한 용역의 교환이 이루어지는 것'이야말로 '분업'이라고 말한다. 혹자는 120여 년 전에나 가능한, 목가적 고찰이라고 생각할지도 모르겠다. 하지만 이 책은 이후 2세기 동안 펼쳐진 경제계의 '약육강식'과 '무정부 상태'에 대한 위기감 속에서 '유기적 연대'를 어떻게 되돌리는가 하는 문제를 지속적으로 제기한다. 그 안에서 우리는 인간성, 즉 인간의 본질과 자질에 대한 고찰 끝에 '경제적인 원리에 의한 분업'의 장막 아래에는 항상 사람이 사람에게 이끌리는 솔직한 심성인 '유기적인 연대에 의한 분업'이 분명 있음을 발견한다.

지금은 유전체 분석을 통해 인간의 본질과 자질이 낱낱이 밝혀졌다는 의견도 있다. 하지만 그 또한 하나의 분석 프레임에 지나지 않는다. 다양한 사람이 다양한 일을 선택하고 다양한 인생길을 걷고 다양한 희로애락을 느끼는 현실을 그런 과학적인 관점만으로 이해하긴 어렵다.

애덤 스미스의 인간관: 경제학의 아버지가 간파한 어리석음

그렇다면 또 한 사람, '경제학의 아버지' 애덤 스미스에게서 사회에서 분업이 생기는 이유와 사람 간 관계에 대한 고찰을 구해보자. 그의 '분업'이란 '노동의 분할'을 뜻한다. 또 그의 '인간'이란 경제적 합리성을 바탕으로 움직이는, 사리사욕에 충실한 이기적인 존재다. 애덤 스미스는 욕망에 충실한 사람들이 자기 이익을 최대화하기 위해 시장에서 경쟁을 펼쳤을 때 국부의 최대화와 자원 분배의 최적화를 모두 달성할 수 있음을 이야기했다. 이러한 사람들의 행동은 훗날 '합리적 경제인'으로 불리게 되었다.

그러나 이에 대해서 재미있는 '다른 의견'이 있다. '신자유주의의 이론적 지주'이자 '시장 경제의 최대 옹호자' 하이에크가 애덤 스미스의 인간관을 어떻게 해석했는지, 다음을 보자.

애덤 스미스와 그의 추종자들이 말한 개인주의에 대해 현재 퍼지고 있는 오해를 가장 잘 나타내는 예는 아마도 다음과 같은 것이다. 그것은 애덤 스미스는 '경제인'이라는 요정을 발명했다는 것이다. 그리고 그들의 결론은 엄밀히 합리적인 행동이라는 그들의 가정 혹은 일반적으로 잘못된 합리주의적 심리학으로 인해 그 가치를 해치고 있다. 물론 애덤 스미스는 이러한 종류는 가정하지 않았다. 그의 견해에서는 인간은 원래 태만하고 게으르고 경솔하며 낭비를 좋아하는 존재로, 인간으로 하여금 목적과 수단을 합치시키고 경제적으로 혹은 주의 깊게 행동하게 할 수 있는 것은 환경의 힘뿐이라고 말하는 편이 진실에 가까울 것이다. 그러나 이렇게 말한 것조차 그가 가지고 있던 매우 복잡하고 현실적인 인간관에 대해서는 적절하지 않다.

(중략) 스미스의 주된 관심은 인간이 최선의 상태에 있을 때 우연히 달성할 수 있는 것이 아니라, 인간이 최악의 상태일 때 해를 끼칠 기회를 되도록 적게 하는 것에 있었다. 스미스와 그의 동시대 사람들이 옹호한 개인주의의 주요 장점은 그 체제 아래서는 악인이 최소의 해밖에 끼칠 수 없다는 데 있다고 말해도 과언이 아닐 것이다. 그것은 그 체제를 운용할 선인을 우리가 발견하는지 아닌지에 따라 그 기능이 좌우되는 사회 체제가 아니며, 또 모든 인간이 현재 그 이상으로 선량한 사람일 때 비로소 기능하는 사회 체제도 아니다. 그렇지 않고 그것은 모든 사람을 있는 그대로의 다양하고 복잡한, 때로는 선량하고 때로는 악인인, 또 때로는 총명하면서도 더 자주 어리석은 모습을 그대로 활용하는 사회 체제다. 스미스가 목표로 하는 것은 동시대 프랑스 사람들이 바란 것처럼 '선인과 현인'에게만 자유를 한정하는 것이 아니라 모든 사람에게 자유를 인정할 수 있는 체제였다.

_ 프리드리히 하이에크, 『개인주의와 경제질서』

어떠한가? 하이에크가 본래 그리던 시장의 모습, 나아가 그곳에 꿈틀대는 사람들의 모습은 '합리적 경제인'과는 거리가 멀었다. 나아가 그는 애덤 스미스 또한 그런 '요정'을 처음부터 생각한 적 없었을 것이라고 말한다. 우리는 어디서 어떻게 이토록 삐뚤게 '단정 지은' 채 여기까지 오고 말았을까?

시장의 논리가 숫자 이야기로 변환되었을 때부터 '숫자의 상승'이 자기목적화하는 것, 그리하여 욕망이 욕망을 낳는 것이 자본주의라는 무한 회로의 동력임을 우리는 이미 앞에서 여러 번 확인했다. 이제는 시장이라는 장소에 대한 새로운 상상력이 요구된다. 물론 그 시장에서 최적의 효율성을 찾아 그 형태가 만들어진 회사라는 조직에 대해서도 마찬가지다.

지금 사회가 머무를 장소: 포스트산업사회의 우울

◇◇◇◇◇◇◇◇◇◇

이렇게 에밀 뒤르켐, 애덤 스미스, 그리고 하이에크의 이야기를 듣는 사이에 우리는 인간이란 존재의 다양성, 다면성, 아름다운 형용, 언어화를 거부하는 듯한 복잡하고 괴이한 성향을 본다. 우리가 '경제적 합리성'으로 이름 붙인 것에서 회사라는 조직체는 생기지 않은 셈이다.

그것은 사회 속에서 머무를 장소이면서도 자기 정체성을 향한 욕구이며, 사람인 이상 어딘가에서 찾으려고 하는 공유의 감각이다. 그것을 '공감'이나 '연결' 같은 말로 표현하는 것은 일부러 피했다. 아직 막연한 개념이지만, 이 정도의 의미를 포함한 개념이라면 앞서 언급한 세 명의 거인들도 모두 동의해줄 것이다.

이미 뒤르켐이 120년도 더 전에 위기감을 표명한 대상은 산업 사회뿐만 아니라 산업사회가 만드는 그림자, 즉 이미지이기도 했다. 그는 기계화와 산업화가 진행되는 가운데 생산라인의 이미지가 사람들에게 사고의 양식마저 심어주는 것을 경고했다. 그는 이런 부정적인 현상을 극복하기 위해 본래의 도덕적인, 유기적 연대의 중요성을 설파했다.

그렇다면 2019년을 살아가는 우리 사회는 어떤 이미지 속에 갇혀 있는가? 인터넷에 기반한 거대한 네트워크, 곧 인간을 능가할 것 같은 기계 지능, 유전체 분석까지 해내는 바이오 기술이 사회를 빠르게 바꿔나가고 있다. 우리는 점점 가속하는 기술의 발전이 만들어낸 '이미지'와 그것의 변화를 계속 주시해야 한다.

'신실재론'을 표방하는 철학자 마르쿠스 가브리엘은 현대의 과학기술 문명에 팽배한 사고를 '자연주의'라고 명명하고 이를 물리치고자 한다. 그는 과학적인 관찰법만이 진리라고 믿는 생각은 위험하며, 그 연장선상에서 '자연주의'에 기반을 두고 생겨나는 인간관이 사회에 퍼지는 것을 매우 우려했다.

'일'이라는 픽션:
시대가 보여주는 꿈

◇◇◇◇◇◇◇◇

산업, 기술이 '기능적인' 이미지를 만들어내는 것을 경계해야 한다. 지금 나 역시 이 화면 속에 어떤 형식으로 키보드를 두들김으로써 하나의 논고를 만들어내려는 '생산'의 이미지 속에 있음을 자각해야 한다. 여기서 갑자기 자크 데리다Jacques Derrida를 상기하는 건 너무 갔다며 웃을지도 모르지만, 어쩌면 지금이야말로 포스트모더니즘의 '센스'가 필요한 순간일지 모른다.

참고로 '포스트모던'이라는 말만 듣고 조건반사하듯 그것은 모든 가치관의 우열을 정할 수 없는 단순한 상대주의이자 허무주의라고 거부감을 드러내는 사람도 있겠지만, 우리는 이런 고정관념에서 벗어날 필요가 있다. '모던 = 근대'의 논리를 받아들인 후 거기서 생각을 멈추지 않고 그 성과와 폐해를 곱씹으며 '포스트 = 그 후'를 받아들이고 수정하려는 유연함에서, 새로운 사고가 가능해지기 때문이다.

가설로서의 '모던'을 '포스트'의 관점에서 끊임없이 비평하는 '센스.' 이런 센스가 있었다면 버블 붕괴로 갑자기 자신감을 상실하고 '일본적 경영'을 전면 부정하며 '글로벌 스탠더드'라는 명목으로 '미국형 자본주의'를 도입하려는 과잉 반응에 조금이라도 제동을 걸 수 있지 않았을까? 지나간 일은 어쩔 수 없어도 지배적인 프레임을 의심하는 이성적 사고와, 유머를 잃지 않으면서도 견고한 재편성을 가능하게 해주는 사실주의는 근대의 논리가 무제한적으로 활개를 치는 지금 꼭 필요하다.

이야기가 옆길로 샜는데, 다시 되돌아가자. 어쨌든 과학기술이 주도하는 화려한 근대의 성과에 떨어져 나온 '쓸모없음' '불순물' '소음'이야말로 사람에 따라서는 때때로 상상을 환기함으로써 모든 '공유'를 가능하게 해주는지도 모른다는 게 내 생각이다.

지금 나는 이 원고를 토요일 저녁, 사람 많은 카페에서 쓰고 있다. 노트북에서 고개를 들어 주변을 바라보며 무심결에 많은 대화의 단편들을 귀로 들을 때, '연대' '서로 보완하는 다름' '때로는 총명하면서도 더 자주 어리석은 모습 그대로를 활용하는 사회' 같은 말들이 머릿속에 떠올랐다 지워진다. 이 카페 문을 열고 나간 거리에는 사람과 사람이 얼굴을 마주하는 다른 카페, 레스토랑, 술집 등이 존재한다. 서점에 가면 살아 있는 사람들뿐만 아니라 이미 죽은 사람들과 대화하려고 부지런히 책장을 넘기는 소리가 들린다. 이쯤 되면 문구점이나 스포츠용품점에서 친구에게 줄 선물을 찾는 사람마저 '서로 보완하는 다름'이나 '연대'를 향해 움직이는 것처럼 느껴진다.

물건을 사고파는 행위 속에서도 '연대'의 신호를 발견하는 마당에, 우리의 상상력이 '회사라는 픽션'에서 이뤄지는 '일이라는 픽션'의 현대적 의미를 갱신하기까지는 앞으로 오직 한 발짝 남은 것 아닐까? 참고로 여기서 말하는 '픽션'이란 어떤 시대에 사람들이 꿈꾼 '허구'이며 동시에 사회를 가능하게 하는 '창조물'이라는 이중적인 의미를 담고 있다.

이성은 한 사람에 머물지 않는다: 하이에크의 자율관

◇◇◇◇◇◇◇◇◇

이렇게 글을 써가는 중에 앞서 언급한 '자율'의 또 한 가지 정의인 '자신의 욕망과 타인의 명령에 의존하지 않고 자신의 의지로 객관적인 도덕 법칙을 세워 이에 따르는 것'이 눈에 들어온다. 칸트의 사고를 모방하자면 '자율'이란 '도덕 법칙'이다. '자립'은 다른 것의 도움이나 지배 없이 혼자서 일을 행하는 것이지만, '자율'은 '자신이 세운 규율에 따라 자신의 행동을 규제하는 것'이라는 주석까지 붙어 있다.

다소 난폭하게 총괄하자면 역사상 지성의 '자율'을 향한 격투는 내부의 윤리, 사람들의 마음속에 있는 행동 기준의 획득 아니었나? 그렇다면 '회사'라는 물리적인 존재가 해체되고 '일'이라는

정의가 무너진다 해도, 지금까지의 사고 과정에서 깊어진 '연대'
의 정의를 얻는다면 카페가 '회사'를 대신하고 카페에서 별생각 없
이 주고받는 수다가 '비즈니스 대화'를 대신함으로써 사회는 기능
할 수 있지 않을까? 여기서 이뤄지는 것은 새로운 규칙에 적합하
게 '회사'와 '비즈니스 대화'의 버전을 업데이트한 데 그치지 않는
다. 그것은 시대의 새로운 꿈을 심는 일종의 '인셉션inception'이다.

자유, 시장, 합리성 같은 개념에 대한 오류가 현재의 엄청난 오
해와 착각을 불러일으켰음을 알았으니, 이제는 이 개념들에 대해
과거의 문헌들을 토대로 다시 읽기를 꾀해야 할 때라는 생각이
든다. 그것은 때로 '근대'보다 '중세'가 친근하게 느껴지는 듯한,
시대를 읽는 원근법의 도착倒錯과 닮은 경험이 될지도 모른다. 참
고로 하이에크는 이런 다양한 개념의 오류를 넘어서기 위해 다음
같은 말을 남겼다.

인간이 가지는 이른바 이성이라고 하는 것은 합리주의적 접근 방법이 가정
한다고 보이듯이 특정한 개인에게 주어지고 이용되는 단일 형태로 존재하
는 것이 아니며, 이성은 어떤 사람의 공헌이 다른 사람들에 의해 평가되어
수정되는 인간 간의 상호 과정이라고 생각해야 한다. 이 논의는 모든 인간은
하늘로부터 주어진 자질과 능력 면에서 동등하다고 가정하는 것이 아니라,
모든 사람은 타인이 가진 능력 혹은 타인이 행사하기를 허용할 능력에 대해

최종적인 판단을 내릴 자격을 지니고 있지 않다는 점을 가정한다.

연대가 갱신될 때:
인공지능이 알려주는 이성의 한계

◇◇◇◇◇◇◇◇◇

'자율과 질서'를 둘러싼 논고도 일단은 끝이 보이기 시작한다. 이쯤에서 최종 목적지인 '질서'라는 명제에 대해 생각해보자.

『브리태니커 백과사전』에 따른 정의는 다음과 같다. '(전략)질서라는 개념 자체도 무한히 다양해서 자연적, 사회적, 윤리적, 미적, 법적, 정치적 질서 등이 가능하다. 질서를 성립하게 하는 원인 내지는 근거로는 이성적 존재자를 들 수 있으며 질서는 그 이성의 구현으로서 여러 분야에서 인간이 발견하고 실현해야 할 이념이다.'

만일 이성이 앞서 하이에크가 정의한 대로라면, 자율과 질서를 둘러싼 고찰을 많은 사람과 공유하는 일 자체가 바로 새로운 경제와 사회 그리고 질서의 갱신을 의미하게 된다. 이때 우리는 마치 나선형 계단을 빙글빙글 오르듯이 동일한 위상에서 조금 다른 조망을 손에 넣을 수 있다.

회사라는 하나의 기능적인 장치가 허물어졌을 때 묻게 되는

'연대'란 무엇인가? '내성적 상상력'이 만들어내는 연대는 산업사회의 이익 공동체의 연대가 아니라 타인을 허용하는 연대라고 믿고 싶다. 동시에 '원래 태만하고 게으르며 경솔하고 낭비하는' 인간의 머릿속 독선적인 이성만 활약하는 것은 아니길 바란다.

그러면 이성에 관해 완전히 다른 분야의 지성에게 조언을 들어보자. 인공지능 시대를 눈앞에 두고 기술과 인간의 관계를 선구적으로 연구해온 철학자 대니얼 데닛Daniel Dennett의 말이다.

심장 이식 수술에서는 누구나 제공하는 쪽이 아니라 받는 쪽이 되고 싶어 한다. 그러나 뇌 이식 수술은 반대로 제공자가 되고 싶어 한다. 자기 자신은 신체가 아니라 마음과 함께 있다고 믿기 때문이다. 많은 철학자가 말하듯이 메시지만 남기고 미디어를 교체한다면 뇌를 다른 것으로 교환하는 것도 이론적으로는 가능하다. 정보를 완전히 저장할 수 있다고 생각하면 순간 이동도 가능할지 모른다. 이론적으로는 분명 그렇지만, 다만 그렇게 말할 수 있는 것은 신경계뿐만 아니라 신체 전체의 정보를 보낼 수 있는 경우뿐이다. 자신을 신체에서 떼어내려고 해도 철학자가 상상하는 것만큼 깨끗하고 깔끔하게 분리되지 않는다. 신체에는 자신의 대부분이 포함되어 있다. 의의, 재능, 기억, 기질 등 지금 있는 자신을 형태 짓는 것 대부분이 신경계에 포함된 것과 마찬가지로 신체에도 많이 담겨 있다.

_ 대니얼 데닛, 『마음의 진화』

신체에 담겨 있는 '의의, 재능, 기억, 기질'을 대뇌의 정보 처리로는 잘 의식화할 수 없다. 의식에서 사고하는 인간의 '이성'에는 한계가 있다. 데닛의 이 문장은 20년도 더 지났지만, 인공지능 연구가 박차를 가하는 오늘날에 진화발생생물학, 뇌과학 등의 뒷받침을 받아 설득력을 더해가고 있다. 인간의 앎과 사고방식을 둘러싼 연구가 진행될수록 오히려 신체성의 중요성이 커지고 있다. 그것을 일상의 언어로 말한다면 '직감' '본능' '동물적 감각' 같은 말로 표현할 수 있다. 때로는 생물로서 과거부터 현재까지 연면해온 '신체의 역사적인 기억'이라는 다소 과장된 이미지를 벗어던지고 싶기도 하다.

현대를 '뇌화腦化 사회'라고도 한다. 한쪽에서는 빅데이터로 처리된 수치들이 증거라는 이름표를 달고 완벽한 사실인 것처럼 큰손을 휘두르며 사회 전체를 석권하는 모습에 박수를 친다. 다른 한쪽에서는 지나친 '과학 편중'에 '인문적 앎의 역습'이라는 뻔한 깃발을 치켜세운다. 다시 이런 이원론의 경기장 위에 올라서야 한다고 생각하면, 수십 년 전 꿈속으로 다시 처박히는 듯한 어지러움을 느낀다.

애당초 '이과 대 문과' 또는 '기술계 대 인문계' 같은 도식의 함정에 빠지는 것은 논외로 하더라도, 적어도 여기서 중요한 것은 뇌화 사회가 진행되는 현실과 그런 관념이 사회 구조를 규정해버리고 나아가 사람들의 자유로운 상상력과 창조력을 빼앗을지도 모르는 상황을 직시하는 것이다.

일찍이 프랑스의 합리주의를 열어젖힌 르네 데카르트Rene Descartes는 "나는 생각한다. 고로 존재한다"라는 유명한 말을 남겼다. 인간의 이성에 빛을 비춘 데카르트의 이 말은 당사자 본인의 뜻과는 상관없이 독자적인 길을 걸으며 어느새 '심신 이원론'이라는 이름으로 일반화되었다. 즉 뇌야말로 신체의 지배자라는 이미지를, 시간을 초월하여 세계에 확산시킨 것이다.

데닛은 뇌와 신체라는 이원론적 구도에 다음과 같이 이의를 제기한다.

뇌(즉 마음)는 수많은 장기 중 하나로, 비교적 최근 들어서 지배권을 쥐게 되었다. 다시 말해 뇌를 주인으로 간주하는 것이 아니라 까다로운 하인처럼 여기며 뇌를 보호하고 활력을 주며 활동에 의미를 부여해주는 신체를 위해 일한다고 생각하지 않는 한, 뇌의 기능을 올바르게 이해할 수 없다.

_대니얼 데닛, 『마음의 진화』

산업혁명 이후에 기술과 인류는 어떻게 함께할 것인지, 다시 말해 경제 성장의 원동력인 동시에 고용을 빼앗고 나아가 사회 구조 자체를 크게 바꾸는 과학기술을 어떻게 제어할지가 지난 250년

간 큰 과제였음은 분명한 사실이다. 그러나 지나친 열의를 가지고 그 문제에 대처하려고 애쓴 나머지, '대뇌의 정보 처리'에만 주목하여 '혹 떼려다 혹 붙인다'는 속담처럼 희비극을 낳는 함정에 빠질 수 있다. 모든 것을 이미 내다보았다며 현명한 체할 때부터 착각에 의한 불행이 시작되는 것은, 안타까우면서도 어쩌면 유사 이래의 역사가 증명하는 인간의 본성인지도 모르겠다.

그렇더라도 가히 훌륭하다고 말할 수 있는 '까다로운 하인 = 뇌'의 정체를 도대체 어떻게 파악해야 할까? 현대 자본주의에 사는 사람들에게 남은 매일매일의 과제는 아닐까?

진정한 개인주의란?:
자유의 정의를 새로이 할 때

◇◇◇◇◇◇◇◇◇

개인주의란 무엇일까? 다시 하이에크의 말을 들어보자.

진정한 개인주의의 근본적인 태도는 어떠한 개인에 의해서도 설계되거나 이해되는 것이 아니며, 개개인의 지성을 뛰어넘는 위대한 일을 인류가 달성해온 과정에 대한 겸손한 태도다.
_프리드리히 하이에크, 『개인주의와 경제질서』

여기서 겸손이란 합리성의 한계를 인지하는 겸허함이라고 바꿔 말할 수 있다. 하이에크는 아무리 우수한 인간이라 할지라도 합리성 아래 생각할 수 있는 것은 기껏해야 '부분적인 정답'으로, 모든 세계를 봉합하는 '전체적인 정답'은 구상할 수 없다고 말한다.

부분 최적의 총합이 전체 최적은 안 된다. 이 말은 수천 년 전으로 거슬러 올라간다면 소크라테스의 '무지의 앎'을 떠올리게 하며, 또 이러한 상상력을 허용할 수 있다면 마르쿠스 가브리엘이 말하는 '세계는 존재하지 않는다'라는 주장과도 뜻이 통하는 듯하다. 하이에크는 멈추지 않고 계속 이어나간다.

> 현시점에서 큰 의문은 과연 인간의 지성은 이 과정의 부분으로서 계속 성장하는 것이 허용되는가 아니면 인간 이성이 스스로 만들어내는 쇠사슬에 묶이게 되는가 하는 데 있다.
>
> 개인주의가 우리에게 일깨워주는 점은 사회가 인간보다 위대하다는 사실은 사회가 자유로울 때로 한정된다는 것이다.
>
> _프리드리히 하이에크, 『시장·지식·자유』

물론 하이에크가 이 책을 썼을 당시의 시대적 문맥을 고려한다면, 여기서 '인간 본성이 스스로 만들어내는 쇠사슬'이란 '사회주의'를 의미한다. 하지만 지금 이 글을 읽는 우리에게는 다양한 과학기술로 시스템화된 사회, 대뇌의 정보 처리에 과잉 의존하는 사회로 읽힌다. 그것은 스콧 갤러웨이의 '카지노 같은 GAFA', 마르쿠스 가브리엘이 비판하는 '자연주의', 나아가 유발 하라리가 말하는 '감시 자본주의'가 된다.

마지막으로 이 기획에 참여한 모든 분들께 감사 인사를 하고 싶다. 항상 새로운 지식과 견해를 얻는 데 의욕적인 오사카 대학교의 야스다 요스케 경제학 교수는 물론 이번 프로그램에 출연해준 다섯 석학들에게 감사하다. 그리고 디렉터 오니시 하야토, 미요시 마사노, 프로듀서인 다카하시 사이야, 어시스턴트 디렉터인 오카자키 코요, 마사 하루히토, 고모토 료타를 비롯해 음향 효과를 담당해온 사토 신스케와 내레이션을 맡아준 야쿠시마루 에쓰코에게 감사를 드린다. 특히 이번에는 국제대학 글로벌커뮤니케이션센터GLOCOM의 고바야시 나호 주임연구원에게도 감사 인사를 하고 싶다. 그로부터 의뢰를 받은 논고가 이 책의 주제와 연결되는 지점이 있어서 많은 지적 자극을 받았다. 그리고 프로그램 편집을 맡아준 야하기 도모코는 마지막까지 모든 과정을 정성껏 지켜봐주었다. 마지막으로 독자 여러분에게 마음속 깊이 감사의 뜻을 표한다.

자본주의를 둘러싼 앎의 모험은 어느새 민주주의와 역사, 철학까지 아우른다. 물론 '경제학'에서 양질의 답이 나온다면 그것은 훌륭한 일일 테지만, 도리어 인공지능, 생명공학 같은 과학기술이 인간의 본질을 밝히는 게 더 빠를 성싶다. 이제 자본주의란 무엇이며 앞으로 어디로 갈 것인가라는 물음은 경제학에 국한되지 않고 역사와 철학, 사회학 등의 학문 간 경계를 뛰어넘어 문명론적인 관점을 요구하고 있다.

이 책에 실린 마르쿠스 가브리엘의 인터뷰에서 디렉터가 자유에 관해 물었을 때, 그는 이러한 말을 남겼다.

우리는 인간이란 무엇인가 하는 '이미지' 안에서 행동합니다. 그리고 그 이미지에 의해 자기의식이 생겨나죠. 이른바 '가치관'도 자기 자신이나 타인에 대한 이미지 안에서 형성됩니다. 즉 인간은 이미지 안에 존재한다고 말할 수 있습니다. 그리고 자유란 이미지를 만들어내고 그것을 바탕으로 행동하는 능력을 말합니다. 그것이 자기 결정입니다.

이미지 안에서 행동하고 자기의식을 가지며 동시에 이미지를 만들어내고 그것을 바탕으로 행동하는 능력을 가짐으로써 자유를 획득하는 인간. 여기서 프롤로그에서 언급한 '욕망'이란 키워드가 떠오르는 건 단순한 우연일까? '욕망'이 '자유'가 되려면 모든 것은 '이미지'임 생생하게 인식하면서 동시에 '이미지'를 만들어냄으로써 꿈을 갖는 이 상반됨을 받아들여야 한다.

그만둘 수도 없고 멈출 수도 없는, 욕망이 욕망을 낳는 자본주의. 그 본질을 밝히기 위해 진정한 의미에서 거대한 상상력의 대결이 다가오고 있는지도 모른다.

마루야마 슌이치

인용 및 참고 문헌

- 丸山俊一(마루야마 슌이치). 『돈과 나』. 엘리(2020년). (원서 출판 2018년)
- 丸山俊一(마루야마 슌이치). 『マルクス・ガブリエル 欲望の時代を哲学する(마르쿠스 가브리엘 욕망의 시대를 철학하다)』. NHK出版(2018년). (국내 미출간)
- 丸山俊一(마루야마 슌이치). 『자본주의 미래 보고서』. 다산북스(2018년). (원서 출판 2017년)
- Dennett, Daniel. 『마음의 진화』. 이희재 옮김. 사이언스북스(2006년). (원서 출판 1997년)
- Durkheim, Émile. 『사회분업론』. 민문홍 옮김. 아카넷(2012년). (원서 출판 1893년)
- Hayek, Friedrich. 『개인주의와 경제질서』. 박상수 옮김. 자유기업원(2016년). (원서 출판 1948년)
- Hayek, Friedrich. 『노예의 길』. 김이석 옮김. 자유기업원(2018년). (원서 출판 1944년)
- Hayek, Friedrich. 『市場・知識・自由:自由主義の経済思想(시장・지식・자유: 자유주의의 경제사상)』. ミネルヴァ書房(1986년). (국내 미출간)

옮긴이 **신희원**

일본 요코하마 국립대학교에서 경제학을 공부했다. 기업 간의 의사소통을 돕는 통·번 역사로 일하다가 더 많은 사람과 만날 수 있는 글 번역의 매력에 빠져 출판번역가의 길로 접어들었다. 번역은 단순히 외국 어를 우리말로 옮기는 행위를 넘어 우리 사회의 지식과 문화의 저변을 넓히는 일이라고 믿고 있다. 옮긴 책으로 『데스 바이 아마존』, 『기업의 미래 GE에서 찾다』, 『일본 기업은 AI를 어떻게 활용하는가』, 『미시 경제학 한입에 털어넣기』, 『기술 전쟁에서 이기는 법』, 『정량×정성 분석 바이블』 등이 있다.

초예측, 부의 미래

초판 1쇄 발행 2020년 4월 20일
초판 8쇄 발행 2023년 6월 12일

지은이 마루야마 순이치 · NHK 다큐멘터리 제작팀 · 유발 하라리 외 4인
옮긴이 신희원

발행인 이재진 **단행본사업본부장** 신동해
편집장 김경림 **책임편집** 이민경 **디자인** 박진범
마케팅 최혜진 이은미 **홍보** 반여진 허지호 정지연
국제업무 김은정 김지민 **제작** 정석훈

브랜드 웅진지식하우스
주소 경기도 파주시 회동길 20
문의전화 031-956-7430(편집) 02-3670-1123(마케팅)
홈페이지 www.wjbooks.co.kr
인스타그램 www.instagram.com/woongjin_readers
페이스북 https://www.facebook.com/woongjinreaders
블로그 blog.naver.com/wj_booking

발행처 ㈜웅진씽크빅
출판신고 1980년 3월 29일 제406-2007-000046호

한국어판 출판권ⓒ ㈜웅진씽크빅 2020
ISBN 978-89-01-24181-4 03320